예
수
의
식
탁
이
야
기
。

예수의 식탁 이야기

지은이 | 김호경
초판 발행 | 2024. 3. 20
5쇄 발행 | 2025. 5. 8
등록번호 | 제1988-000080호
등록된 곳 | 서울특별시 용산구 서빙고로65길 38 두란노빌딩
발행처 | 사단법인 두란노서원
영업부 | 2078-3333   FAX | 080-749-3705
출판부 | 2078-3331

책 값은 뒤표지에 있습니다.
ISBN 978-89-531-4819-2 03230

독자의 의견을 기다립니다.
tpress@duranno.com   www.duranno.com

이 책의 성경본문은 표준새번역과 개역개정 성경을 사용하였습니다.

두란노서원은 바울 사도가 3차 전도여행 때 에베소에서 성령 받은 제자들을 따로 세워 하나님의 말씀으로 양육하던 장소입니다. 사도행전 19장 8-20절의 정신에 따라 첫째 목회자를 돕는 사역과 평신도를 훈련시키는 사역, 둘째 세계선교(TIM)와 문서선교(단행본잡지) 사역, 셋째 예수문화 및 경배와 찬양 사역, 그리고 가정·상담 사역 등을 감당하고 있습니다. 1980년 12월 22일에 창립된 두란노서원은 주님 오실 때까지 이 사역들을 계속할 것입니다.

예수의 식탁 이야기

At Jesus' Table

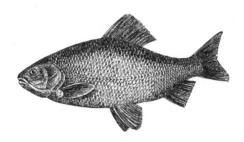

처진 어깨를
도닥거리는 위로와 초대

김호경

두란노

목차.

프롤로그。

성경에 나온 이야기를 이해하는 것은 쉬운 일이 아니다. 이해를 돕기 위해 다양한 번역본들이 나오기는 했지만, 성경은 여전히 어렵다. 이해하는 데 문제가 되는 것은 단어 하나하나가 아니라, 단어와 어투를 바꾸어도 전달되지 못하는 의미다. '이해'란 문법적인 구조를 아는 것이 아니라, 전달하려고 하는 '의미'를 파악하는 것이기 때문이다.

신학자로서 나는 그 '의미'를 전달하려고 오랫동안 노력했다. 형식을 바꿔 보기도 하고 설명하는 매체를 다양하게 넓혀 보기도 했다. '이만큼이면 되겠지!' 했지만, 그렇지 않았다. 여전히 예수의 말이나 그에 대한 나의 설명을 이해하기 어렵다는 볼멘소리를 들어야 했다. 아쉬움은 단지 나의 몫만은 아니었을 것이다. 예수에게 가는 거친 길은 독자들에게도 큰 벽이었을 테니까 말이다. 그래서 다시금 곰곰이 생각하며 내린 방법으로 이 책을 쓰게 되었다.

학교에서 강의할 때 나의 별명은 '한 문장'이었다. 학생들이 무슨 말을 하든 내 마지막 질문은 늘 같았다. "그래서 한마디로 무슨 의미인가? 한 문장으로 요약하면 무엇인가?" 예수에게 이를 적용해 보는 것도 괜찮겠다는 생각이 들었다. 2천 년 전 예수의 말을 이해하기 어렵다면, 그에 대한 설명이 여전히 딱딱하다고 느껴진다면, 우선 예수의 한 문장을 찾아보는 것은 어떨까?

나는 마침내, 예수의 한 문장을 찾고 싶어졌다. 다른 복잡한 것을 생략하고 그로부터 시작하면 예수의 말과 행동의 의미를 전할 수 있겠다는 생각이 들었다. 그리고 그것을 지금 예수가 이 땅에 와서 지나가는 누군가에게, 혹은 나에게 거는 일상적인 말로 치환할 수 있다면, 더 이상 어려워서 모르겠다는 말은 나오지 않을 수 있지 않을까? 물론 그 한마디를 찾고 그것을 우리의 일상 언어로 바꾸는 일은 쉽지 않다. 더욱이 그러한 작업이 독자들에게 설득력을 얻으리라는 보장도 없다. 그러나 보장되지 않은 길을 가면서 가려졌던 의미들을 밝혀내는 것이 나의 일이며 또한 기쁨이기도 하다.

예수의 한 문장을 찾아 더듬어 가다 보니 자연스럽게 내 신학의 여정을 좇게 되었다. 그리고 그곳에서 예수의 식탁을 만났다. 예수의 식탁은 나의 박사논문 주제였다. 예수의 먹고 마심 속에 예수의 모든 것이 녹아 있다는 확신이 논문을 쓰던 막막한 시간을 즐겁게 만들어 주었었다. 그런데 졸업 후 예수의 식탁은 수많은 주제에 밀려 잊힌 이야기가 되었다. 이제 다시 예수의 식탁을 들여다보니, 거기에 한 문장이 있었다. "밥은 먹었니?" 혹은 "밥이나 먹을까?" 혹은 "밥 잘 먹고 다녀야 한다!" 예수는 아마도 모든 사람에게 반갑게도 그렇게 인사했을 것이다. 누구든 가리지 않고 말이다.

예수의 밥 인사는 간단한 듯하지만, 매우 중요한 의미를 가진다. 만약 당시의 사두개인이나 바리새인이었다면 아마도 "제사는 드렸는가?", "정결법을 어기지는 않았는가?", "죄인들과 어울리지는 않았는가?"라고 물었을 테니 말이다. 밥 인사는 일상적이지만 종교적이지 않기에, 하나님 나라를 선포하는 예수의 입에서 묻지도 따지지도 않고 그런 인사말이 나온다면 진정으로 놀랄 일이다. 밥 인사를 받는 이들에게는 기대하지 않은 위로였기 때문이고, 종교 지도자들에게는 일종의 도전이었기 때문이다.

죄인이라고 비난받던 사람들을 상상해 보라. 그리고 그들이 느닷없이 들었던 "밥이나 먹을까?"라는 인사를 상상해 보라. 먹지 않아도 배부를 것 같은 마음이 와닿지 않는가! 또한 그런 말 같지 않은 인사로 하나님 나라를 선포하는 예수를 불편해했을 사람들도 상상해 보라. 밥보다 율법이나 성전 제의를 먼저 생각해야 하는 사람들 말이다. 그들에게 예수의 따뜻한 밥 인사는 비수가 되었을 것이다. 그들은 예수의 식탁이 성전과 율법을 비난하고 어느새 새로운 구원의 장소가 되는 것을 참을 수 없었을 것이다. 그래서 나는 예수의 식탁을 이야기하면서 그것을 지속적으로 성전과 대치시켰다.

만약 불현듯 예수를 만났을 때 "예배는 빠지지 않았니?", "설교 시간에 딴짓하지는 않았니?", "헌금은 제대로 냈니?"와 같은 말을 들으면 슬플 것 같다. 그 모든 것을 잘했다고 하더라도 말이다. 내가 예수에게 듣고 싶은 한마디, 예수가 할 것 같은 한

마디는 "밥은 먹었니?"다. 그것은 처진 내 어깨를 도닥거리는 따스한 힘이자 잘잘못으로 평가받는 지친 일상을 뛰어넘는 위로가 될 것 같다. 결국 구원이란 이런 위로가 아닐까, 라는 생각이 든다.

우리는 죄로부터의 구원이라는 매우 교리적인 이야기를 듣지만, 그것은 결국 '너는 하나님 앞에 있어도 되는 존재'라는 놀라운 은혜의 이야기다. 구원은 나를 하나님 앞에 서게 한다. 대단할 것 없는 존재이지만, 하나님 앞에 감히 그냥 그렇게 있어도 괜찮다고 말해 주는 것이 구원이다. 구원이 주는 이 위로는 예수의 예기치 못한 초대, "밥이나 먹자!"에 묻어 있다. 밥은 생명이며, 예수는 우리의 생명을 일으키며 살아나게 하는 존재이니 말이다.

"밥은 먹었니?"라는 예수의 한마디만으로도 눈물을 흘리는 사람들, 기댈 곳이 없는 절망을 예수의 식탁에서 채우는 사람들, 그들은 도대체 누구인가? 구원이 이렇듯 따뜻하다는 것을 경험하지 못한 냉랭한 사람들, 자신의 배부른 식탁만이 하나님의 은혜라고 자랑하는 사람들, 그들은 도대체 누구인가?

식탁을 둘러싼 이야기는 삶의 축소판이다. 내가 무엇을, 어디서, 어떻게, 누구와 먹었는지는 내 삶을 드러낸다. 그리고 그 식탁 하나하나는 또한 묻는다. 나의 식탁은 너에게 얼마나 위로가 되었는지, 나의 식탁이 너와 나에게 구원이 될 수 있는지를 말이다.

식탁 위의 음식이 볼거리가 된 SNS 시대, 많은 양과 빠른 속도의 먹기가 흥밋거리가 된 먹방 시대에, 예수의 식탁을 이야기하면서 내가 진실로 하고 싶은 말은 이런 것들이다. 식탁 위의 음식이 아니라, 식탁에 둘러앉은 사람들의 이야기다. 이렇게 식탁에서 생겨나는 다양한 삶의 모습들을 통해 결국 우리가 누구이며 어떻게 살아야 할지를 함께 생각해 보고 싶다.

송미영 본부장과 남희경 부장과 함께 둘러앉은 카페 테이블에서 이 책은 준비되었다. 생각지도 않게 예수의 식탁이라는 주제가 튀어나왔고, 그 오래된 주제는 나의 신학을 다시 더듬어 보게 했다. 딱딱한 논문의 주제를 일상의 식탁으로 변형시키는 일은 어려웠지만 고마웠다. 편집팀의 꼼꼼하고 다정한 수고가 더해지면서 책이 완성되었다. 모든 분께 감사의 마음을 전한다.

내가 계속해서 글을 쓸 수 있기를, 내가 쓴 글이 좋은 책으로 엮이기를, 그 책들이 독자들에게 감동을 주기를, 한결같은 마음으로 기도해 주는 분들이 있다. 고마움을 말로 다 표현할 수 없다. 언제나 기다리고 있다고 말해 주는 분들에게도 마음 깊이 감사드린다. 부족한 글에 활기를 더하고 의미를 넣어 읽어 주는 분들에게도 감사함이 크다.

2024년 3월
김호경

떠돌이

떠돌이에게 한 끼의 식사는
평안과 구원의 상징이다。

예수의 식탁이 새로운 구원의 장소이고 그것이 성전에 대한 비판을 노골적으로 드러내고 있다면, 그것은 참으로 위험한 일이다. 성전은 하나님이 임재하시는 곳이니, 성전에 대한 비난은 자칫 하나님에 대한 비난으로 이어질 것이기 때문이다. 그렇다면 예수의 식탁이나 성전에 대한 이야기를 하기 전에 하나님에 대한 이야기를 먼저 살펴보는 것이 좋겠다. 사도행전에 나오는 스데반의 설교는 이에 대한 해답이 될 만하다.

스데반은 최후 진술과도 같은 마지막 설교에서 구약 성경에 나오는 하나님의 긴 역사를 추적하는데, 그 출발점은 갈대아 땅에 있었을 때의 아브라함이다. 하나님은 아브라함을 갈대아 땅에서 하란으로 옮기셨다. 그러나 땅과 자손에 대한 하나님의 약속이 이루어지기까지 많은 시간이 필요했다. 아브라함의 아들 이삭과 그의 아들 야곱, 또 그의 아들 요셉, 그리고 수많은 후손에 이르기까지 자손에 대한 약속이 이루어지는 사이, 그들은 거처를 수없이 옮겼으며, 희망을 갖고 옮겨 간 곳에서 오랫동안 종노릇해야 했다. 그 후손들은 떠돌이가 되었다.

그리고 결국 긴 고난의 세월 후에 태어난 모세가 이집트의 압박에서 그들을 벗어나게 했고, 이스라엘은 광야의 시간을 거쳐 가나안으로 들어갔다. 시간이 지나 이스라엘은 다윗이라는 걸출한 왕을 세울 수 있었고, 다윗의 소망에 따라 그의 아들 솔로몬이 하나님의 집을 지었다.

스데반의 설교는 이렇듯 아브라함으로부터 시작해서 이스라엘이 하나님의 집을 짓기까지의 역사를 망라한다. 그러나 이 역사의 끝에 세워진 성전에 대한 이야기는 "그러나 지극히 높으신 이는 손으로 지은 곳에 계시지 않는다"(행 7:48)로 결론짓는다. 즉, 스데반은 이스라엘의 구원 역사를 훑어 내려오면서 성전 이야기에까지 이르지만, 그 결말은 성전은 그저 사람이 만든 건물일 뿐이며 구원의 중심이 될 수 없다는 것이었다.

하나님의 구원 역사 속에서 보자면, 스데반이 성전을 거스른 것은 이상한 일이 아니다. 성전은 하나님을 가둘 수 있는 독점적인 구원의 장소가 아니기 때문이다. 이스라엘 역사 속에서 하나님은 언제나 장소에 구애받지 않으셨으며 붙박이처럼 한곳에 머물지 않으셨다. 스데반의 설교는 솔로몬에서 끝나지만, 솔로몬 이후에 이어지는 나라 없는 이스라엘의 파란만장한 역사는 다시 이전의 떠돌이 시절을 반복한다.

하나님이 아브라함의 후손들이 떠돌이가 될 것이라고 말씀하셨다면, 그것은 그들만이 아니라 하나님도 떠돌겠다는 말이다. 하나님은 특정 장소를 고집하며 그곳에만 머무는 존재가 아니라, 그가 사랑하는 자들과 함께하는 존재이시기 때문이다. 그래서 하나님은 분주하시다. 갈대아 땅에서 하란으로, 이집트에서 가나안으로, 그리고 이스라엘이 잡혀간 바벨론으로…. 그의 사람들이 있는 곳에는 언제든지, 어디든지 이스라엘의 하나님이 계셨다. 그러니 하나님이 성전에만 계시고, 그곳이 지구의 배꼽과 같은 중심이라고 말하는 것은 얼마나 어리석으며 모욕적인 일인가!

마지막으로 스데반은 이사야서를 인용하며, 하나님은 세상을 만드셨지만 성전은 사람이 만든 것이라고 일갈한다. 스데반의 말대로라면, 유대인들이 성전을 그렇게 애지중지하는 것은 오히려 하나님의 창조성을 축소시키는 일이다. 그들은 하나님이 모든 곳에, 모든 것의 주인으로, 언제나 자유롭게 움직일 수 있는 떠돌이라는 것을 알지 못했기 때문이다. 오히려 적반하장으로 하나님을 자신들의 손안에 가둬 두고 마음대로 주무르려는 속내를 드러낼 뿐이었다. 스데반의 설교는 성전을 중심으로 자신들의 정당성을 유지해 왔던 유대인들의 모든 것을 무너뜨렸다.

스데반은 성전에 갇혔던 하나님을 하나님이 만드신 세상으로 돌려보내며, 그 세상을 두루 다닐 수 있는 하나님의 자유와 능력을 선포한다. 언제든지 이 세상을 마음껏 떠돌 수 있는 하나님의 구원을 말이다. 스데반은 진정으로 하나님을 모독한 것은 유대인이라고 비판한다. 하나님은 성전의 붙박이를 언제나 벗어날 수 있는 존재이기 때문이다. 하나님은 떠돌이다. 그는 언제나 우리를 찾아오시며 우리를 찾기 위해서 움직이시는 존재다.

어디든지, 언제라도 움직이시는 하나님의 모습은 예수에게 그대로 투영된다. 예수는 하나님과의 동등 됨도 마다하고 스스로 자신을 버리고 사람의 모양으로 우리에게 왔다. 우리에게 나타난 하나님으로 말이다. 하늘에서 땅으로, 하나님의 영에서 육신을 입은 사람으로의 이동은 하나님의 자유처럼 예수의 자유를 드러낸다. 예수의 자유는 단 하나의 목적만을 가진다. 그것은 우리를 위한 구원이다.

예수는 우리의 구원을 위해 자유롭게 움직인다. 예수의 구원은 집에서도, 광야에서도, 길거리에서도, 어디에서든 가능하다. 그 모든 곳에서 예수는 말씀을 가르치고 병자를 고친다. 그리고 그들과 함께 먹고, 또한 그들을 먹인다. 예수가 있는 곳에는 예수의 식탁도 있다. 그 식탁에는 둘러앉은 사람들도 있다. 떠돌이 하나님의 구원을 닮은 예수는 정처 없이 나아가며 누군가와 밥을 먹는다. 어디서나 누구와도 먹을 수 있는 식탁, 그것은 성전의 고정성을 벗어난 놀라운 예수의 구원이다.

○

구원은 누구도 배제하지 않는 열린 식탁에서 벌어지는 예수의 위로 잔치다. 물론 잔치라고 해서 크고 화려하고 멋들어진 식탁을 상상하지는 말았으면 좋겠다. "여우도 굴이 있고 공중의 새도 거처가 있으되 인자는 머리 둘 곳이 없다"(마 8:20)라고 말한 예수가 아닌가! 이 땅에 온 예수에게 이 땅은 따뜻한 손길을 내밀지 않았다. 죽음이라는 예수의 결말뿐 아니라 예수의 삶 내내도 그랬다.

예수는 이 땅에서 떠돌이였다. 그러니 예수가 베푸는 잔치가 뭐 그리 넉넉하겠는가! 누군가가 예수를 환대한다고 한들, 예수에게서 상다리가 부러질 잔치를 기대하지도 않았을 것이다. 예수에게는 아마도 그저 함께 먹는 것이 즐겁고 기쁜 일이었을 것이다. 우리도 그렇지 않은가! 우리를 기분 좋게 만드는 것은 맛있는 음식이 아니라, 한 상에 둘러앉아 같이 나누는 위로와 평강이다. 우리를 일으키는 것은 기분 좋게 나눈 이야기에 얹어 놓은 밥 한 숟가락이다.

그래서인지 예수는 자신의 제자들도 그렇게 떠돌이처럼 복음을 전하라고 보낸다. 여행 비용도 걱정할 것 없고 여벌의 옷이나 신도 챙길 필요 없다. 그냥 어느 성이나 마을에 들르면 합당한 사람을 찾아서 그 집에 머물며 복음을 전하면 된다. 그 집에서 주는 것을 먹으면서 말이다. 그들과 한 식탁을 나누며 평안을 빌며 복음을 전하는 삶, 그것이 떠돌이 예수를 닮은 제자들의 삶이다. 그들을 흔쾌히 받아들이지 않는다면, 그 집이나 성에서 나오고 관계를 끊으면 그뿐이다.

그렇게 누군가의 환대를 기대하며, 또한 언제나 있을 수 있는 박대의 위험을 준비하며 사는 것, 그것이 예수를 따르는 사람들의 삶이다. 그래서 더욱 함께하는 식탁이 고맙고 중요하다. 떠돌이들에게 한 끼의 식사가 얼마나 절실한지는 더 말할 필요도 없다. 그것은 평안과 구원의 상징이다.

예수와 제자들의 이러한 떠돌이 삶을 기억해서인지, 베드로전서는 예수를 믿는 자들을 나그네로 정의한다. 우리에게 잘 알려진 "너희는 택하신 족속이요 왕 같은 제사장들이요 거룩한 나라요 그의 소유가 된 백성"(벧전 2:9)이라는 말씀은 '거류민이며 나그네'와 같은 사람들에게 들려주는 용기와 위로다.

믿는 사람들은 거류민인 것 같지만 실은 나그네들이다. 이 땅은 그들에게 영원하지 않다. 그러나 나그네의 그 정처 없는 설움은 그들이 택하신 족속이며 왕 같은 제사장이며 거룩한 나라이고 하나님의 소유가 된 백성이라는 놀라운 지위 속에서 상쇄되며 위로받는다. 그들에게 부여된 이 새로운 정체성은 그들이 세상에서 받는 설움과 고통, 절망과 고난을 이길 힘이다. 이것을 에둘러서 바울은 우리의 시민권이 하늘에 있다고 말한다.

하나님이 떠돌이였던 것처럼, 예수가 떠돌이였던 것처럼, 예수의 제자들이 그랬던 것처럼, 예수를 믿는 사람들도 그렇게 떠돌이 같은 삶을 산다. 궁극적으로 안착할 그곳을 향하기까지는 말이다. 그러니 이 땅에서 영원한 것을 고집하고 싶어질 때, 눈에 보이는 어떤 것에서 움직일 수 없는 무엇인가를 찾고 싶어질 때 믿음은 깨어진다. 보기 좋은 성전에서 하나님의 임재를 안심했을 때 유대인들이 어느새 하나님의 움직임을 볼 수 없었던 것처럼 말이다.

그들은 움직이는 하나님을 보지 못하니, 그렇게 움직여 이 땅에 온 예수를 알 수 없었다. 예수는 그들에게 다시없는 신성모독이 되었다. 성전을 대신해서 예수가 베푸는 식탁은 시빗거리가 되고 말았다. 그러나 예수는 하나님을 성전에 붙잡아 두고 성전의 아름다움과 하나님의 임재를 동일시하는 유대인들을 비판했다. 그리고 우리에게 움직이는 하나님의 구원을 보여 주었다.

집 없는 예수, 집 떠난 제자들은 몸 누일 작은 공간 하나, 목 축일 물 한 사발이면 충분했을지 모른다. 거기에 소박한 밥상과 함께할 이웃이 더해진다면 아마도 더 바랄 것이 없었을 것이다. 그래서 낯선 누군가와 함께 벌이는 작은 식탁은 평안과 기쁨이며, 마침내 찾은 안식이기도 했을 것이다.

우리도 크게 다르지 않다. 우리는 많은 것을 소유하고 누리고 싶어 하지만, 그래서 아등바등 죽을힘을 다하지만, 결국 누군가가 내민 따뜻한 손길에 눈물을 훔치고 예기치 않은 물 한 모금에 큰 숨을 내쉬지 않는가. 우리의 안식은 그런 곳에 있다. 그곳에 임한 예수의 구원과 함께 말이다.

예수가 차린 보잘것없는 밥상에 둘러앉은 사람들이나 낯선 집에서 정성스러운 물 한 사발을 대접받은 제자들의 마음은 어떠했을까? 기대하지 않았지만 마치 태초부터 자신을 위해 준비된 듯한 그 무엇을 마주한 사람의 기쁨과 감사함을 상상해 본다.

성전은 내가 찾아가야 하는 곳이라면, 식탁은 나를 찾아온다. 기대하지 않은 때에 기대하지 않은 사람과 함께 말이다. 그래서 우리는 예수의 식탁에서 예기치 않은 하나님의 은혜를 만난다. 그러므로 언제 어디서나 누구와도 가능한 예수의 식탁은 다양한 모습으로 예수의 구원을 전해 준다. 우리를 위한 예수의 자유로운 삶에는 바로 이 움직이는 예수의 식탁이 있다.

거룩한 떡

예수는 세리와 죄인들에게 물 한 잔,
밥 한 끼를 내놓으며 말한다.

" 너희는 더 이상 죄인이 아니다。"

예수의 말과 행위를 통틀어서, 아마도 예수의 구원을 가장 잘 드러내는 일상은 예수의 먹기일 것이다. 예수는 먹었다. 놀라울 만큼 다양한 사람들과 놀라울 만큼 다양한 방식으로 말이다. 예수의 식탁에 '놀랍다'라는 단어를 사용하는 것은 예수의 식탁의 파격성을 표현할 적절한 말을 더는 찾기 어렵기 때문이다.

식탁은 가장 일상적인 삶의 현장이며, 그러므로 자신이 누구인지가 가장 적나라하게 드러나는 장소이기도 하다. 무엇을 먹느냐를 통해서, 그의 삶의 질과 상태가 드러난다. 누구와 먹느냐를 통해서, 그의 관계와 성격도 가늠할 수 있다. 어떻게 먹느냐를 통해서, 그의 사고와 삶의 패턴도 추측해 볼 수 있다. 그러므로 각 시대와 문화에 따라 식탁에서 지켜야 하는 예절과 관습이 요구되며, 그에 대한 준수나 그로부터 파생되는 다양한 반응에 따라서 그 사람의 사회적 자리가 결정되기도 한다.

바리새인들이 강조하는 식탁의 정결법도 그러한 것들 중 하나다. 바리새인들과 사두개인들의 정치적 차이가 드러났을 때, 바리새인들은 성전에서의 제의만으로 이스라엘의 정체성을 지킬 수 없다고 판단했다. 그들은 율법에 대한 다양한 해석을 시도할 뿐만 아니라, 성전에서 제사장들이 지키는 정결법을 일상으로 끌어들였다. 성전에서 제사장들만 지키면 되었을 것이 모든 곳에서, 모든 때에, 모든 사람에게 적용된 것이다.

이런 엄격함은 바리새인들에게 나라도 없는 이스라엘이 하나님의 백성이라는 정체성을 잃지 않을 방법이었다. 그들은 율법에 따라 안식일을 준수하며 식탁에서의 정결법을 지킴으로써 거룩함을 드러냈다. 누구와 언제, 어디서, 무엇을, 어떻게 먹는지는 매우 중요한 문제가 되었으며 의인과 죄인을 나누는 기준이 되었다.

삶이 버거운 사람들에게 이것은 무거운 짐이었다. 하나님의 백성으로 살고 싶지 않은 사람이 어디 있겠는가? 그러나 각종 율법이나 정결법을 지켜 내지 못한 사람에게는 죄인이라는 딱지만 붙었을 뿐이다. 하지만 이때 예수는 이들에게 희망이 되었다. 예수는 죄인과 세리들과 아무렇지도 않게 밥을 먹었기 때문이다. 그들에게 어떤 부가적 요구도 없이 말이다.

더러운 죄인과의 식사가 자기를 얼마나 곤경에 처하게 할 것인지를 예수가 모르기 때문은 아니었다. 바리새인들은 끊임없이 예수의 식탁을 공격했다. 그러나 이에 대해서 예수는 "건강한 자에게는 의사가 쓸데없고 병든 자에게라야 쓸데 있다"고 말했다(막 2:17). 이 말의 의미는 단순하다. 예수는 자신이 누군가와 함께 밥을 먹는 행위를 의사가 병을 고치는 일과 동일시했다. 그것은 회복이며 구원이었다.

예수와의 밥은 죄인이라고 불린 사람들에게 생명을 주며 그들을 일으킨다. 밥 한 끼가 지속적인 죄인의 굴레를 벗어나게 한다는 것은 놀라운 일이다. 그러나 밥은 일종의 상징, 즉 표적이다. 예수의 밥이 구원의 상징이 되는 것은 예수가 그들과 함께 먹음으로써 부정해지지 않는다는 사실이다.

예수의 식탁에서 그들은 어떤 말이나 제의 없이, 하나님의 사랑스러운 피조물이 된다. 사람들이 그들에게 붙여 준 죄인이라는 이름이 무색해지는 순간, 그들이 자신들의 원래적 모습을 발견하는 순간, 그들은 하나님 앞에 선 자신들의 모습을 발견할 것이고, 하나님 앞에 서 있다는 것 자체로 자신들의 구원을 의심하지 않을 것이다. '내가 하나님 앞에 설 수 있는 존재로구나!'를 깨닫는 순간은 '하나님이 나를 하나님 앞에 서게 하셨구나!'라는 고백으로 이어진다.

구원은 그렇게 하나님 앞에 있는 것이다. 예수의 식탁은 그들로 하여금 이러한 회복을 경험하게 한다. 밥은 부수적이며, 주체는 예수다. 예수가 하는 말, "같이 밥이나 먹자!"에는 놀라운 힘이 있다. 정결법이라는 테두리 안에 가두어 놓은 모든 격식은 예수의 식탁에서 무력화된다. 세리나 죄인과도 아무렇지 않게 밥을 먹을 수 있다. 손을 씻지 않고도 먹을 수 있다. 예수의 식탁에서 중요한 것은 예수로 말미암아 시작된 새로운 시간을 즐기는 것이다.

누가복음에 나오는 '큰 잔치 비유'에서 주인은 잔치를 거부한 사람들을 대신해서, 시내의 거리와 골목으로 나가서 가난한 사람들과 몸 불편한 사람들, 시각 장애인들과 저는 자들을 불러들이게 한다. 그래도 남은 자리를 위해서는 길과 산울타리 가로 나가서 사람들을 강제적으로 데려와 채우게 한다.

비유 속 주인의 잔치를 상상해 보라! 사실상 이 잔치는 온갖 부정한 사람들의 차지가 되었다. 사방에서 데려온, 어디서 어떻게 살았는지 모를 사람들이 당당하게 잔치 자리에 앉아 먹고 마시는 광경은 어쩌면 기괴하기도 하다. 그냥 길을 가다 들렀을 그 사람들의 형편없을 몰골까지 상상한다면 말이다.

그러나 조금 더 살펴보면, 이 궁상맞고 누추한 사람들의 얼굴에 피어나는 웃음 같은 것을 볼 수 있지 않겠는가! 걱정 없이 마음 편하게 밥 한 번 먹어 본 것이 언제 적인지 기억도 나지 않는 사람들이, 예기치 않게 들어선 잔치에서 자신들을 살뜰히 챙겨 주는 종들의 대접을 받다니! 예수는 이것이 하나님 나라라고 말한다.

○

잔치 말고, 안식일에 밀밭 사이를 지나가다 이삭을 잘라 손으로 비벼 먹는 궁핍한 식탁도 있다. 정결법이라 이름 붙은 잡다한 격식을 깨부수던 예수는 이제 제자들의 배고픔을 해결하기 위해서 안식일마저 범한다.

안식일에 대한 성경적 출발점은 하나님의 창조로 거슬러 올라간다. 6일간 세상을 창조하신 하나님은 일곱째 날에 안식하셨다. 그리고 하나님은 그의 백성들에게 이 안식에 참여하라고 명령하셨다. 이것은 단순히 위압적인 명령이 아니라 초대이며, 하나님의 놀라운 은혜다. 안식일에 대한 하나님의 초대는 하나님이 창조주시라는 사실과 이 초대에 응하는 자들이 하나님의 백성이라는 것을 의미한다. 안식일 준수를 통해서 이스라엘은 하나님의 구원을 경험하며 구원받은 백성으로서의 삶을 실현하기 때문이다. 안식일 준수는 하나님의 사랑과 하나님의 능력에 대한 순종이다.

그러므로 유대인들은 안식일을 지키고 하나님의 백성이라는 거룩성을 확보하기 위해서 안간힘을 썼다. 그러나 결과는 그렇게 좋지 않았다. 안식일 준수를 위해서 만들어 놓은 세부적인 계명들은 빈번하게 사람들의 발목을 잡았고, 이 때문에 안식일을 지키지 못하는 죄인들이 양산되었다.

예수는 유대인들의 안식일 준수를 끊임없이 비판하며, 안식일에 그들이 금한 행동들을 했다. 안식일에 한 예수의 모든 행동은 "안식일이 사람을 위하여 있는 것이요 사람이 안식일을 위하여 있는 것이 아니니"(막 2:27)라는 말속에 드러난다. 이를 통해서 예수는 진정한 안식을 얻지 못하는 안식일의 의미가 얼마나 헛된지를 폭로한다. 예수에게 있어서 안식일에 일을 하느냐, 하지 않느냐는 중요하지 않다. 중요한 것은 '어떤 일'을 '어떤 목적'으로 하는가, 그것으로 그들이 안식을 누리는가, 이다.

안식일에 회당에서 손 마른 자를 고친 예수는 "안식일에 선을 행하는 것과 악을 행하는 것, 생명을 구하는 것과 죽이는 것, 어느 것이 옳으냐"(막 3:4)라고 질문한다. 누가 보아도 답이 명확한 이 질문에, 회당에 모였던 유대인들은 침묵한다.

어느 때이든 악보다 선이, 죽음보다 생명이 우선되는 것이 마땅하지만, 안식일은 그들로 하여금 이러한 당연지사에 머뭇거리며 오히려 그것에 반(反)하게 한다. '사람이 안식일을 위한 상황'이란 바로 이를 의미한다. 밀밭을 지나다가 이삭을 잘라 손으로 비벼 먹는 행동도 마찬가지다. 안식일에 일정 거리 이상을 걸어간 것, 일정 횟수 이상으로 밀 이삭을 비빈 것 등등은 모두 안식일 준수에 어긋나는 행동이다. 예수의 식탁이 기어이 안식일까지 어기고 만 것이다.

예수는 유대인들의 비판에 대응하며 다윗의 일화에 자신의 식탁을 빗대었다. 다윗이 사울을 피하여 놉에 이르렀을 때였다. 여러 날 동안 아무것도 먹지 못한 상황이었기에, 다윗은 놉의 제사장에게 먹을 것을 요구했다. 제사장은 자신들만 먹을 수 있는 거룩한 떡만 가지고 있었다. 그러나 그는 다윗 일행에게 그 거룩한 떡을 먹게 함으로써 그들의 허기를 채워 주었다.

　　예수는 그것을 자신의 식탁과 연결시킴으로써, 떡이든 안식일이든 거룩함을 필요로 하는 이유가 무엇인지를 상기시킨다. 거룩함의 목적은 사람을 살리는 것이다. 안식일 준수에 따른 계명은 사람을 살리고, 그가 안식을 누림으로 창조주 하나님을 드러내는 것 이외의 목적은 없다. 안식일의 목적은 하나님의 생명에 참여하는 것이기 때문이다. 안식일에 밀이삭을 잘라 손으로 비벼 먹는 것이 계명을 깨는 것일지라도, 생명을 이어 주는 일이라면 그것이 무슨 문제이겠는가! 예수의 식탁은 생명을 외면하는 유대인들의 허구적 거룩함을 폭로한다.

　　예수의 식탁은 규율을 넘어서며, 그 너머에 있는 생명으로 이끈다. 예수는 특정 장소나 특정 사람이 아니라, 모든 사람이 어느 곳에서든 생명과 구원을 누릴 수 있는 식탁으로 사람들을 초대한다. 그곳에서 예수는 함께 먹으며 위로하고 희망을 전한다. 그것이 진정으로 거룩한 떡이다. 예수의 한마디를 "밥은 먹고 다니니?"로 정리하고 싶었던 것은 이 때문이다. 지치고 힘들 때 누군가가 내민 물 한 잔, 정성껏 차려 준 가난하지만 따뜻한 밥 한 끼는 때로는 말로 설명할 수 없는 감동을 준다. 그것은 다시 일어서는 힘이 된다.

예수는 세리와 죄인들에게 그렇게 물 한 잔, 밥 한 끼를 내놓는다. 그리고 말한다. 너희는 더 이상 죄인이 아니라고 말이다. 예수는 그들이 사랑받기 충분한 존재라는 것을 알려 주기 위해서 식탁을 준비한다. 거룩함은 그렇게 시작된다.

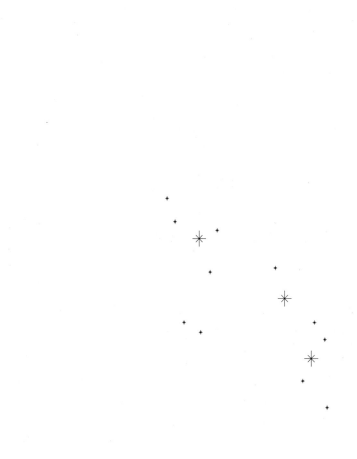

끼리의 변주

섞일 수 없는 사람들이 '끼리'의 관계를 넓혀 가면서 함께 먹고 마시는 것은 복된 구원의 징표다.

예수의 하나님 나라는 새로운 방식으로 새로운 의를 선포하며 세상에 나타났다. 지금까지 성전과 정결법을 통해서 유지되던 거룩함을 뒤집어엎으면서 말이다. 그러므로 예수를 따르는 사람들은 새로운 의를 실천하며 예수에게 배운 식탁을 만들어 나갔다. 물론 그 식탁은 누군가에게는 언제나 불평거리를 만들었지만 말이다.

레위라는 세리가 세관에 앉아 있을 때 예수는 그를 불렀고, 그는 모든 것을 버리고 예수를 따랐다. 누가복음에 나오는 이야기다. 여기서 모든 것을 버린 것은 그가 지금까지 살아가던 삶으로부터의 전환을 의미할 것이다. 그는 이제 다른 방식으로 살기로 한 것이다.

이 놀라운 변화의 처음은 잔치였다. 레위는 예수를 위하여 큰 잔치를 열었고, 세리와 다른 사람들이 함께 참석했다. 그의 잔치 모습은 어떠했을까, 상상하다 보면 그림이 그려진다. 예수가 어떤 잔치를 원했을지 짐작할 수 있기 때문이다. 예수는 종종 어떻게 잔치를 여는 것이 좋은지에 대해서 가르쳤다.

첫째는 잔치에서의 자리에 대한 것이다. 늘 높은 자리에 앉아서 자신을 내세우기 좋아하는 사람들에게 좋은 자리, 높은 자리를 찾지 말라고 말한다. 높은 자리에 앉았다가, '여기는 네 자리가 아니다'라며 밀려날 때의 부끄러움을 생각하라는 것이다.

식탁은 밥을 먹는 곳이지만, 단순히 밥만 먹는 곳은 아니다. 거기에서 높고 낮음이 드러나고, 그 높고 낮음은 결국 차별로 이어진다. 어쩌면 많은 사람이 함께 모이는 식탁은 눈에 띄는 차별의 현장이고 불평등이 실현되는 장소다. 아득하게 멀리 있는 헤드테이블에서 들려오는 고급스러운 웃음을 부러워한 적이 있는 사람이라면 알아챌 수 있는 불평등이다. 예수는 자리의 문제를 통해서, 그 고정된 차별의 질서를 벗어나라고 말한다.

둘째는 잔치에 참석하는 사람에 대한 것이다. 식탁의 정결법을 위해서 유대인들은 자신들의 정결을 유지할 수 있는 방법으로, 그 정결을 해치지 않을 사람들과 함께 밥을 먹었다. 그들이 함께 밥을 먹기 위해서 청한 사람들은 벗이나 형제나 친척이나 부한 이웃이었다. 그들의 잔치는 소위 '끼리끼리' 모이는 것이었다. 그러나 예수는 그렇게 하지 말라고 말한다. 그 사람들은 자신들을 초대했던 사람들을 도로 청할 것이고, 그렇게 끼리끼리 먹고 마시면서 서로에게 충분한 갚음이 이루어질 것이기 때문이다.

그러므로 예수는 서로 되갚음을 할 수 있는 사람이 아니라 고마워도 갚을 수 없는 사람, 한 끼 먹어도 되고 안 먹어도 되는 사람이 아니라 당장 먹어야 하루를 살 수 있는 사람, 그런 사람들을 잔치에 불러들이라고 말한다. 가난한 자들과 몸 불편한 자들과 저는 자들과 시각 장애인들을 청하면, 갚을 것 없는 그 사람들에게 행한 것이 잔치를 베푼 사람에게 복이 될 것이다.

예수의 식탁에 모인 사람들은 조건 없이 밥 친구가 되며, 그들이 누구든지 다른 사람들을 부정하게 만들지 않는다. 이 때문에 예수의 식탁에서 신기하고 새로운 '끼리'가 탄생한 다. 예기치 않았던 사람들이 모여서 서로 하나님의 자녀임을 확인하면서 새롭게 하나가 되는 것이다. 예전의 '끼리'에 속하지 않았던 새로운 조합의 탄생이다. 밥을 같이 먹는다는 것 은 얼마나 큰 인연인가! 원인은 단 하나, 예수 때문이다.

아마도 레위의 잔치도 이런 새로움으로 넘쳐 나지 않았을까? 방금 전까지도 세관에 앉아서 돈을 세던 세리는 이제 자신의 돈을 풀어서 잔치를 벌였다. 거기에는 레위와 같은 세리들은 물론 다른 많은 사람이 몰려들었을 것이다. 알 수 없는 사람들, 부정한 사람들, 관계를 맺을 필요조차 없었을 사람들, 그런 사람들이 그곳에 모이지 않았을까? 그러나 누구도 어색하고 낯설지 않게 그들은 즐겁게 한 끼를 나누며 서로에게 위안이 되는 새로운 '끼리'가 되었을 것이다.

누군가에게는 더럽고 부정한 사람들이 모여서 질서도 없이 엉켜 있는 것이 영 못마땅할 수도 있었을 것이다. 그들에게 그 잔치는 눈엣가시가 되어 끈질긴 수군거림을 만들어 냈을 것이다. 그 이상한 모임에 불러 줄까 겁이 났을 수도 있다.

그러나 예수를 따르는 사람들에게 그렇게 함께 밥을 먹는 일은 흔했다. 그러니 새롭게 예수를 따르는 사람들도, 예수처럼 다른 사람들에게 식탁을 개방하는 일이 구원받은 사람의 자연스러운 모습이라고 생각했을 것이다.

○

레위처럼 삭개오도 그러했다. 누가복음은 삭개오를 매우 간단하게 설명한다. 삭개오는 세리장이고 부자였다고 말이다. 삭개오에 대한 설명은 이것이 전부다. 그러나 세리장이란 것과 부자라는 것은 삭개오가 어떤 사람인지를 잘 드러낸다.

세리는 당시에 두 가지 면에서 사람들로부터 비난을 받았다. 세리는 세금을 징수하는 사람이었기 때문에, 사람들은 세리가 로마를 위해서 일한다고 생각했다. 세리는 민족의 반역자로 취급받았다. 로마의 지배 아래에 있던 유대인들에게 로마를 위해서 세금을 걷는 사람이 곱게 보였을 리가 없다. 더욱이 세리들은 세금을 받을 때, 정해진 것보다 더 많은 금액을 거둬들였다. 그러니 세금은 로마에 바칠 금액에 세리들이 떼어 갈 금액이 덧붙여져서 점차로 불어나게 마련이었다. 세리는 사기꾼 취급을 당해도 할 말이 없었다.

삭개오는 세리장이었다. 세리장은 여러 명의 세리를 고용해서 세금을 거둬들이는 사람이었다. 그런 세리장인 삭개오가 부자라고 하는 것은 삭개오의 부에 대해서 두말할 필요가 없게 만든다. 세리들이 불린 세금으로부터 자신의 이익을 취해서 이룩한 부일 것이 빤하기 때문이다. 삭개오는 '세리장이며 부자'라는 설명은 삭개오는 '탐욕스럽다'는 말과 다르지 않다.

이런 부정한 삭개오와 예수가 만났다. 그리고 예수는 삭개오에게 "오늘은 내가 네 집에서 묵어야 하겠다"(눅 19:5)라고 말한다. '묵는다'는 말은 일정 기간의 숙식을 암시하는 표현이다. 쉽게 표현하자면 "내가 얼마 동안 네 집에서 먹고 자야겠다"라는 말이다. 여기서 '내가 ~하겠다'는 예수 입장에서의 필연성과 당위성을 드러낸다. 삭개오에게는 선택의 여지가 없다.

사실상 거부가 불가능한 이 제안을 삭개오는 기뻐하며 받아들이지만, 예수를 보려고 모여든 사람들은 기뻐할 수 없었다. 하필이면 예수가 죄인의 집에 묵으러 들어간다니 말이다. 기쁨으로 예수를 영접한 삭개오는 사람들의 수군거림을 해결해야 했다. 예수가 자기 집에 머무는 놀라운 일이 생겼는

데, 이로 말미암아 예수는 스캔들에 휘말리게 되었으니 말이다. 삭개오는 어떻게 이 문제를 해결하는가?

예수가 삭개오의 집에 머무는 것이 스캔들이 되지 않을 수 있는 길은 하나뿐이다. 그것은 문제가 되는 '죄인'이라는 자신의 처지를 바꾸면 될 일이다. 삭개오는 세리장이며 부자일 뿐 아니라 눈치 빠른 사람이었던 것 같다. 삭개오는 당장에 예수에게 "내 소유의 절반을 가난한 사람들에게 주겠습니다. 또 내가 누구에게서 강탈을 했으면, 네 배로 갚아 주겠습니다"(눅 19:8)라고 말한다. 사람들이 자신을 죄인이라고 손가락질한 원인을 제거하겠다는 말이다.

"내 소유의 절반을 가난한 사람들에게 주겠습니다"라는 말에 무엇이 내포되어 있는가? 그것은 이미 자신의 소유가 자신의 것일 수 없는 것으로 채워졌다는 고백이나 다름없다. 자신이 가지면 안 될 것, 불의한 방법으로 얻어서 이룬 것, 그것을 내놓겠다는 말이다. 그러나 삭개오는 소유의 절반이라고 하더라도 그것으로 충분하지 않다는 것도 알았다. 그가 "내가 누구에게서 강탈을 했으면, 네 배로 갚아 주겠습니다"라고 말하는 것을 보면 그렇다. 이 말은 삭개오의 현실을 그대로 반영한다. 세리가 세금을 걷는 불의한 과정을 '강탈'이라는 말 이상으로 적절하게 표현할 방도가 없기 때문이다.

예수에게 한 삭개오의 말은 단순히 자신의 재산을 나누

겠다는 것만이 아니라, 자신의 삶에 대한 고백이기도 하다. 그는 자신의 직업으로 말미암아 생긴 모든 불의에 책임을 지겠다고 말한 것이다. 삭개오의 이 고백은 그의 회개와 다름없다. 그는 예수를 자기 집으로 영접하며 예수가 그 집에 머물 수 있는 상황을 만든다. 이에 예수는 "오늘 구원이 이 집에 이르렀다. 이 사람도 아브라함의 자손이다. 인자는 잃은 것을 찾아 구원하러 왔다"(눅 19:9-10)라고 말한다.

구원은 예수가 "오늘은 내가 네 집에서 묵어야 하겠다"라고 말하면서부터 시작된다. '잃은 것'을 찾아 온 예수가 하는 말, "네 집에서 밥이나 같이 먹자"가 구원이다. 이제 삭개오의 집은 구원이 일어나는 중심에 놓였다. 그러나 이 집이 진정으로 구원의 장소가 될 수 있는지의 여부는 예수의 이러한 초대에 대한 반응에 따라 결정된다.

삭개오는 예수가 시키지도 않은 고백을 통해서, 자기 집에 예수가 머물 수 있는 환경을 만들었다. 그의 집은 스캔들의 장소가 아니라, 구원의 장소로 변했다. 구원의 장소였던 성전이 스캔들의 장소로 변한 것과 비교하면 놀라운 반전이다. 구원이 선포되는 삭개오의 집에서 이제 새로운 관계가 형성될 것이다. 삭개오의 불의로 고통받던 가난한 사람들은 기쁨을 누릴 것이며, 삭개오는 사람들의 수군거림에 시달리지 않아도 될 것이다.

이 새로운 관계에 더하여 예수는 그를 '아브라함의 자손'이라고 부른다. 삭개오는 '잃었던 사람'에서 '구원받은 사람'으로 바뀌었다. "밥이나 같이 먹자"는 예수에게 기쁨으로 응답한 결과로 말이다. 그는 이제 새로운 '끼리'를 만들게 되었다. 이전에는 절대 그를 끼워 주지 않던 사람들과 새로운 관계를 이루며, 마침내 아브라함의 자손끼리 모여 있는 곳에까지 들게 되었다. 그는 온 동네가 다 아는 유명한 '죄인'이었는데 말이다.

구원은 아마도 새로운, 예기치 않은 수많은 '끼리'를 만들어 가는 과정이 아닐까? 그렇게 섞일 수 없는 사람들이 '끼리'의 관계를 넓혀 가면서 함께 먹고 마시는 것이 구원이 아닐까? 그래서 예수는 성전이 아니라 집에서 구원을 선포한 것이 아닐까? 성전에는 늘 변하지 않는 '끼리'들만 있으니 말이다.

구원은 끼리의 변주를 통해서 이루어진다. 끼리의 변주는 결국 경계를 허무는 일이다. "너는 안 돼!"라고 했던 야멸찬 절벽을 넘어서는 것이다. "여기를 넘어설 수 없어!"라는 냉정한 금지를 물거품으로 만드는 것이다. 그것은 절대로 함께 할 일 없었던 이들이 함께 둘러앉은 상이 얼마나 복된 구원의 징표인지를 알려 준다.

예수의 부름에 응답했던 레위가 예수를 위해서 잔치를 연 것도 이 때문이었을 것이다. 자신을 불러 준 예수에 대한

감사를, 자신과 같이 더러운 자들을 불러 모으는 잔치 외에
다른 것으로 드러낼 방도가 없었을 것이다.

곳간 헐기

부자가 가난한 이웃에게 보인 야박한 어리석음은
결국 하나님을 향한 인색함으로 귀결된다.

집이 구원의 장소가 되기 위해서, 집은 언제나 '끼리'를 변화시켜야 한다. 그것이 어떠한 변화이든, 집은 개방적으로 새로운 질서를 향해 나아가야 한다. 그래야 그곳에 하나님의 생명이 일고, 고이지 않고 움직이는 그 생명이 거칠 것 없이 퍼져 나갈 것이다. 삭개오의 집이 가난한 사람들에게 열리면서 그 집에 구원이 드러났던 것처럼 말이다. 그러나 모든 집이 삭개오의 집과 같이 그렇게 열리지는 않는다. 삭개오의 집과 달리 결코 문이 열리지 않았던 어떤 부자에 대한 애석한 이야기도 누가복음에 나온다.

그 부자는 자색 옷과 고운 베옷을 입고 날마다 즐겁고 호화롭게 살았다. '즐겁고 호화롭게 살았다'는 말에는 먹고 마시며 즐기는 잔치의 의미도 내포되어 있다. 그 부자에 대한 정보는 이것이 전부다. 그는 삭개오와 같은 세리장도 아니며, 그의 부 자체 때문에 비난받을 일이 없을 수도 있다. 자신의 부로 좋은 옷을 입고 즐겁게 지내는 것을 비난할 수는 없다.

그러나 고대 사회의 부에 대한 관점으로 이 부자의 삶을 들여다보면, 다른 판단을 내릴 수도 있다. 고대 사회의 사고 속에서 재물의 양은 한정되어 있기 때문에, 어떤 사람이 자신의 몫 이상을 취한다면 그것은 다른 이의 몫을 차지한 결과다. 부의 정당함과는 별개로, 자기가 가져야 하는 것 이상을 갖는 것은 올바른 일이라 할 수 없다.

우리에게 '어리석은 부자 비유'로 알려진 또 다른 부자 이야기는 이를 잘 보여 준다. 이 비유는 어떤 사람이 자기 형에게 유업을 자신과 나누라는 말을 해 달라고 예수에게 부탁한 것에서 촉발되었다.

어떤 부자가 소출을 많이 거두게 되었다. 밭의 소출이 많아졌지만, 부자에게는 그 소출을 쌓아 둘 곳이 없었다. 궁리 끝에, 부자는 '내 곳간을 헐고서 더 크게 짓고, 내 곡식과 물건들을 다 거기에다가 쌓아 두겠다'고 생각했다. 그리고 스스로에게 "영혼아, 여러 해 동안 쓸 많은 물건을 쌓아 두었으니, 너는 마음을 놓고, 먹고 마시고 즐겨라"(눅 12:19)라고 말하며 기뻐했다.

여기까지 예수의 이야기를 듣다 보면, 이 비유는 이상할 것이 하나도 없다. 넘쳐 나는 소출을 보관하기 위해서 곳간을 더 크게 짓는 것은 정상적인 생각이 아닌가? 그 소출로 앞으로의 영화를 기대하며 즐거움을 누리는 것이 뭐 그렇게 나쁜 일인가? 부정한 방법으로 소출을 늘린 것도 아니고, 남의 곳간을 빼앗은 것도 아닌데 말이다.

이 부자는 늘어난 소출 앞에서 아마도 가장 일반적인 결정을 내린 것 같은데, 하나님은 그를 '어리석은 사람'이라고 부르신다. 비유의 핵심은 이 부자를 왜 어리석다고 하시는지를 찾아내는 것이다. 열쇠는 하나님의 말씀 속에 있다. 하나님은 그 부자에게 "오늘 밤에 네 영혼을 네게서 도로 찾을 것이다. 그러면 네가 장만한 것들이 누구의 것이 되겠느냐?"(눅 12:20)라고 물으신다. 소출의 기쁨에 들떠서 즐거운 미래를 꿈꾸고 있는 부자에게 하나님이 상기시키신 것은 '오늘 밤'이다. '오늘 밤'의 경고는 보장되지 않은 미래의 즐거움을 위해서 곳간에 쌓는 수고 따위를 하지 말라고 말한다.

예수는 이 비유가 자기를 위해서는 재물을 쌓아 두면서도, 하나님에 대하여 인색한 사람에 대한 이야기라고 경고한다. 곳간에 쌓아 둔 재물과 하나님에 대한 인색함의 대조는 비유의 내용을 적절하게 요약한다.

이 부자는 소출이 넘쳐 날 때, 그것을 처리할 방법을 고민할 필요가 없었다. 이미 그의 곳간이 충분히 찼다면, 나머지는 그만큼의 소출을 얻지 못하고 먹고살 것을 고민하는 사람들을 위해서 나누어 주면 된다. 그것이 가장 좋고 가장 간단한 방법이다. 이 방법에 비하면 곳간을 헐고 그것을 다시 짓는 것은 얼마나 번잡하고 수고스러운 일인가! 자신의 곳간을 개방하고 필요한 사람들과 나누겠다는 생각을 했다면, 그는 '어리석다'라는 말은 물론 '인색하다'라는 말도 듣지 않았을 것이다.

어리석음은 그 자신을 향한 것이고, 인색함은 그의 가난한 이웃에 대한 것이리라. 그런데 예수는 그를, 그의 가난한 이웃이 아니라 하나님께 인색하다고 말한다. 가난한 이웃에게 보인 그의 인색한 어리석음은 결국 하나님을 향한 것으로 귀결된다. 그렇게 인색하게 쌓아 올린 곳간은 '오늘 밤'이라 불릴 수 있는 어느 때에든 자신을 찾아오시는 하나님 앞에서, 더 이상 자신의 즐거움을 보장할 수 없는 물거품이 될 것이다.

재물의 의미는 나누어서 함께 생명을 보존하는 데 있다. 그렇지 않다면, 그 모든 재물에 탐욕이라는 이름이 붙는다. 억울할 수 있다. 이 정도가 무슨 욕심이란 말인가, 하고 항변할 수도 있을 것이다. 이 정도 즐기는 것이 뭐 대단하냐고, 볼멘소리를 할 수 있다. 세상에는 더한 사람이 얼마든지 있는데 말이다. 곳간을 짓겠다고 나선 어리석은 부자나, 좋은 옷을 입고 즐겁게 먹고 마신 부자나, 모두 그렇게 하소연할 수 있다. 그들은 자신의 것으로 누리며 즐겼다고 말이다.

여기서 부자가 '즐겁고 호화롭게 살았다'라는 말에서 '즐겁게'와 어리석은 부자가 '먹고 마시고 즐겨라' 하고 말할 때의 '즐겨라'는 같은 단어다. 문맥에서 이 말은 다른 사람들과 함께 먹고 마시는 즐거운 잔치를 연상시킨다.

그들이 설마 혼자 먹고 마셨겠는가? 즐거움을 누리는 중요한 방법 중 하나는 과시다. 좋은 옷을 입고 혼자서 즐긴다고 누가 그것을 알아주겠는가? 곳간에 가득 찬 소출을 혼자만 먹는다고 누가 그들의 곳간이 차고 넘치는 것을 알겠는가? 누군가 그들의 부를 즐기며 부러워하면서 함께 소비할 사람은 언제나 필요하다. 누가 그들과 함께할 수 있을 것인 가? 그들은 끼리끼리 먹고 마시며 즐거운 시간을 만끽하고, 서로를 추켜세우고, 서로를 시기하며 웃음을 나누지 않았겠 는가!

○

자색 옷과 고운 베옷을 입고 날마다 즐겁고 호화롭게 살 았던 부자 이야기로 돌아가자. 하필이면 그 부잣집 앞에 헌데 투성이의 가난한 나사로가 누워 있었다. 나사로의 상태는 극 도로 안 좋았다. 그는 몸에 성한 구석이 없었고 혼자서 움직 일 수도 없었다. 나사로를 그곳에 둔 사람은 아마도 부잣집이 고 언제든지 잔치가 벌어지는 집이니, 그 상에서 떨어지는 부 스러기라도 먹으면 연명할 수 있으리라 생각했을 것이다.

그러나 나사로는 부잣집의 상에서 떨어지는 부스러기 를 취할 수 없었다. 움직일 수 없었던 나사로는 그 집 앞에 있 던 개 떼의 민첩함을 따라잡을 수 없었기 때문이다. 집 안에 서 즐거운 잔치가 날마다 열렸지만, 집 앞에서 나사로는 배고 픔을 이기지 못하고 죽었다. 부자는 곳간을 열 필요까지도 없 이, 단지 상에서 떨어지는 부스러기 정도만 나누면 충분했는데 말이다.

부자와 나사로는 모두 죽었고, 죽은 이후에는 살아 있을 때와 정반대의 상황이 발생했다. 가난한 나사로는 아브라함의 품에 안겨 있는 반면, 부자는 음부에서 고통을 당했다. 세상에서 누리던 즐거움은 사라졌고, 부자는 나사로의 손가락 끝에 물 한 방울 찍어서 당장의 고통을 덜어 줄 것을 아브라함에게 호소했다. 아브라함은 일언지하에 거절했다. 살아 있을 때 부자는 온갖 복을 누렸지만, 나사로는 온갖 불행을 겪었기 때문이다. 이제 나사로에게는 위로가, 부자에게는 고통만이 남아 있을 뿐이다.

우리의 삶에서 주어지는 멋진 집과 아름다운 옷과 맛난 음식들, 그리고 넘치는 곳간은 언제나 축복의 상징이다. 부자는 그 축복을 마음껏 누렸을 뿐이다. 그런데 아브라함은 그 '누림'에 문제가 있다고 말한다. 문제는 나사로다. 왜 하필이면 나사로가 그 부잣집 앞에 있어서 부자의 즐거운 인생을 이토록 망치고 말았는가?

그러나 어찌 나사로뿐이겠는가? 문제는 세상이 온통 부자들로만 넘쳐 나지 않는다는 것이다. 부자가 곳간을 꿈꿀 때, 누군가는 오늘 하루의 끼니를 걱정하는 빈한한 식탁을 마주해야 한다. 부자가 멋진 옷과 맛있는 음식으로 즐거울 때, 나사로는 그 바로 앞에서 배고픔으로 허덕인다.

가난한 사람들의 배고픈 식탁이 없다면, 부자의 즐거움은 문제가 되지 않을 것이다. 그러나 부자의 집 밖을 나서면 널려 있는 텅 빈 식탁은 부자의 즐거움에 제재를 가한다. 부자의 곳간을 헐어야 하는 이유는 그것이다. 이미 꽉 찬 곳간으로도 즐거움이 충분하다면, 나머지는 다른 이의 식탁을 채워 주는 것으로 어리석음을 면할 수 있다.

나사로가 바란 것은 진수성찬의 음식과 대우가 아니었다. 물론 그렇다면 더욱 좋았겠지만 말이다. 나사로를 집 안으로 끌어들이기만 했다면, 문제는 해결되었을 것이다. 아마도 이생의 즐거움을 저생으로 연결시킬 수도 있었을 것이다.

나사로와 부자 사이에는 기껏해야 대문 하나 놓여 있었고, 그것을 넘나드는 것은 어렵지 않았다. 그러나 이제 나사로와 부자 사이에는 큰 구렁텅이가 놓여 있어서 서로 오고 갈 수가 없게 되었다. 혹 물 한 방울이라도 떨어뜨려 주고 싶은 마음이 생긴다고 한들, 물리적으로 불가능했다. 대문만 열면 되었는데, 이제 부자는 넘을 수 없는 큰 구렁텅이를 사이에 두고 나사로와 떨어져 있게 되었다. 그의 물 한 방울을 구걸하면서 말이다.

이 놀라운 대조는 누군가의 식탁에 대한 관심과 애정이 어떠해야 하는지를 돌아보게 한다. 자신의 입에 들어가는 것으로만 축복을 만끽하던 사람들에게, 자신의 입이 아니라 다른 사람의 입에 무엇이 들어가는지를 좀 보라고 말하는 듯하다. 어떤 사람이 자신의 몫 이상을 취한다면, 그것은 다른 이의 몫을 차지한 결과라는 생각은 고대 사회에나 해당하는 것일까?

어디에서는 쌓인 음식을 버려야 하는 반면, 어디에서는 굶어 죽는 사람들이 쌓여 가는 오늘, 우리는 여전히 '나만의 식탁'이 전부라고 말할 수 있는가? 전체 부의 80%(90%)를 20%(10%)의 사람이 차지하고 나머지 20%(10%)를 놓고 80%(90%)의 사람이 목숨을 걸어야 하는 우리의 상황을 보면, 우리도 한정된 부의 개념을 벗어날 수 없을 것 같다. 누군가의 게으른 가난을 탓하기 전에, 함께 먹고사는 사회를 고민하는 것이 바람직하지 않을까?

정당하게 이룩한 내 식탁의 풍요일지라도, 다른 이들의 가난한 식탁에 쓸 수 있는 마음이 있었으면 좋겠다. 인색하지 않게 말이다. 어느 집 앞이든, 나사로가 없는 곳이 어디 있겠는가! 진정한 구원은 그 나사로와 함께한 식탁에서 가능하다. 구원은 열린 식탁에서 드러난다. 어느 때 내가 식탁을 열어 함께한 사람들이, 또한 예기치 않은 때 그들의 식탁으로 나를 초대하여 물 한 방울의 대접으로 나의 목숨을 살릴지 어찌 알겠는가! 인생은 모를 일이다.

하여 바랄 것은, 사람에 대한 야박함이 하나님에 대한 인색함으로 폭로될지 모르는 '오늘 밤', 기억도 할 수 없는 언젠 가의 떡 한 조각이 부스러기 같은 평화로 임할 수 있기를….

즐거운 집

누군가에게 독점되었던 하나님이
자유롭게 되시는 순간,
모든 사람이 하나님을 자유롭게 만나는 순간,
그 식탁은 즐거움으로 넘쳐 난다。

구원의 개방성은 결국 예수가 하고 싶었던 말의 핵심이다. 예수는 모든 이가 하나님의 피조물이고 하나님 앞에 설 수 있는 존재라고 말하고자 한다. 그래서 세리와 죄인들과 밥을 먹으며, 병자들을 고치고, 귀신을 쫓아내어 사람들이 제대로 된 모양으로 살아가게 한다. 그들이 자신들의 존엄을 잃지 않고 말이다.

　그러나 예수를 따르면서 이 모든 것을 보고 예수에게 가르침을 받던 제자들은 이러한 것들을 제대로 깨닫지 못한 것 같다. 그들은 종종 예수의 가르침을 모르는 사람처럼 행동하기도 한다. 베드로가 그렇다. 예수가 하늘로 올라간 후, 남은 제자들과 예수를 따르던 이들에게 베드로는 지도력을 발휘한다. 그는 제자들을 추슬러서 기도하며 예수 없는 시대에 함께 새로운 출발을 했다. 교회를 이끌고 말씀을 전했다. 그러나 그는 여전히 이방인보다는 유대인에게 관심을 집중했던 것 같다. 이에 대한 이야기가 사도행전에 나온다.

　로마 군대의 백부장인 고넬료라 하는 사람은 하나님을 두려워하며 유대인들에게 자선을 베풀고 기도하는 경건한 사람이었다. 어느 날, 그는 베드로를 그의 집에 데리고 오라는 하나님의 음성을 들었다. 그는 베드로가 있는 욥바로 종들을 보냈다. 그의 종들이 베드로에게 가고 있는 그때, 베드로는 욥바에 있는 어느 집의 지붕에 있었다. 기도하려고 올라간 것이었지만, 배가 고파서 잠깐 잠이 들었던 것 같다. 시간은 정오 정도 되었다. 사람들은 점심을 준비하느라 분주했다.

이때 베드로는 꿈인지 환상인지 불분명하지만, 무엇인가를 보았다. 하늘이 열리고, 큰 보자기 같은 그릇이 네 귀퉁이에 끈이 달려서 땅으로 내려오는 것이었다. 그 속에는 네 발 달린 온갖 짐승들과 땅에 기어 다니는 것들과 공중의 새들이 골고루 들어 있었다. 그것들은 모두 유대적 정결법에 따라서 먹을 수 없는 부정한 음식들이었다.

그런데 그때 "베드로야, 일어나서 잡아 먹어라"(행 10:13)라는 음성이 들렸다. 아무리 배가 고프다고 해도, 심지어 꿈에서조차 베드로는 그런 부정한 음식을 먹을 수 없었다. 정결법 같은 것이 그리 중요하지 않다는 것을 예수에게서 배웠을 텐데도 말이다. 베드로는 지금까지 그런 부정한 것들은 한 번도 먹은 적이 없다고 칼같이 거부했다.

그런데 다시 두 번째 음성이 들렸다. 두 번째 음성은 베드로가 그 음식들을 먹어야 하는 이유를 밝혀 주었다. "하나님께서 깨끗하게 하신 것을 속되다고 하지 말아라"(행 10:15). 음성은 그 음식이 부정하지 않다고 말하고 있었다. 그러니 먹을 수 있다고 말이다. 아마도 베드로는 그럼에도 불구하고 계속해서 거부했던 것 같다. 그런 일이 세 번씩이나 반복되었고, 그 그릇은 갑자기 하늘로 들려 올라갔다.

베드로가 그 환상에서 깨어났을 때, 마침 고넬료가 보낸 사람들이 베드로가 머문 집 앞에 이르렀다. 베드로가 자신이 방금 본 환상과 이방인 고넬료가 보낸 사람들의 방문 목적을 연결시키는 것은 쉽지 않을 수도 있다. 환상은 그저 베드로의 배고픔 때문에 생겨난 것일 수도 있지 않겠는가!

그러나 그때 베드로는 성령의 음성을 들었다. 성령은 베드로에게 그들은 자신이 보낸 사람들이니 의심하지 말고 함께 가라고 말씀하셨다. 성령의 음성은 부정한 음식과 부정한 이방인을 연결시키는 기폭제다.

유대인들은 구약 성경의 정결법에 따라 부정한 음식들을 분류하고 그것들을 먹기를 금했다. 그러나 이미 예수는 "입으로 들어가는 것이 사람을 더럽히는 것이 아니라, 입에서 나오는 것, 그것이 사람을 더럽힌다"(마 15:11)라고 말했다. 입에서 나오는 것은 마음에서 나오는 것인데, 마음에서 악한 생각들이 나오기 때문이다. 사람을 더럽히는 것은 악한 마음이지, 음식이 아니라는 것이다. 이는 바리새인들이 예수의 제자들이 손을 씻지 않고 음식을 먹는 것을 비판한 것에 대해서 한 말이다. 그러나 예수의 말은 단지 음식을 먹는 방법에만 국한되지는 않을 것이다.

손을 씻지 않고 먹는 음식이 사람을 더럽게 할 수 없는 것처럼, 세리와 죄인들과 먹는 음식도 사람을 더럽게 하지 않는다. 물론 유대인들이 금한 음식 자체도 사람을 더럽게 하지는 못한다. 무엇을 누구와 어떻게 먹든지, 그것은 아무 문제가 되지 않는다.

○

베드로의 환상에서 들려온 음성, "하나님께서 깨끗하게 하신 것을 속되다고 하지 말아라"는 예수의 말과 같은 의미다. 그러나 어찌 이것이 음식뿐이겠는가! 음식을 분류하고 더럽다고 규정한 것처럼, 유대인들은 사람들도 의인과 죄인으로 분류하고 죄인과의 교제를 금했다. 그러나 부정하다고 규정된 모든 사람은 하나님의 피조물이며, 더러운 존재가 아니다. 그들이 다른 것들을 부정하게 만들지도 않는다.

그러므로 부정한 음식을 세 번씩이나 거부했던 베드로는 이제 부정한 이방인의 종들을 함께 묵게 했다. 예수의 식탁은 결국 사람 이야기를 한다. 정오에 도착한 손님과 하룻밤을 묵으며 베드로가 무엇을 했겠는가? 함께 먹고 마시지 않았겠는가! 그들은 서로를 부정하게 하지 않은 채, 고넬료 집에서 있을 하나님 안에서의 즐거운 만남을 꿈꾸었을 것이다.

다음 날, 베드로는 욥바에 있는 믿는 사람들 몇 명과 함께 가이사랴에 있는 고넬료의 집으로 갔다. 고넬료가 베드로를 맞이하며 준비해 놓은 것은 다름 아닌 사람들이었다. 유대인 복음 전도자가 자신의 집으로 오는 이 기적 같은 상황을, 고넬료는 자기 혼자 누릴 수 없었다. 그는 자기 친척들과 가까운 친구들을 불러 놓고, 베드로 일행을 기다렸다.

부정한 사람들을 한껏 모아 놓은 이 광경을 상상하자면, 고넬료의 소망이 엿보인다. 복음의 말씀을 듣고자 하는 그는 자기와 함께한 모든 사람, 이 부정한 사람들이 더 이상 부정함에 갇힌 사람들이 되지 않았으면 좋겠다고 생각했을 것이다. 더러움과 깨끗함을 나누지 않는, 하나님 앞에서 모두 하나가 되는 새로운 세상에 고넬료는 혼자가 아니라 함께 들어가고자 했다.

그는 자신의 집을 복음에 개방했다. 이제 그의 집에서 고넬료 같은 이방인과 베드로와 같은 유대인이 함께 말씀을 듣고 먹고 마시는 진풍경이 벌어질 것이다. 고넬료의 집은 베드로가 오기 전에 이미 기대와 설렘이 넘치는 즐거운 집이 되었을 것이다.

베드로가 들어오자 고넬료는 베드로의 발 앞에 엎드려 절을 했다. 고넬료의 극진한 환대에 베드로의 응답은 멋짐이 폭발한다. 베드로는 "일어나십시오. 나도 역시 사람입니다"(행 10:26)라고 말하며 그를 일으켜 세웠다. 복음은 이미 전해졌다. '나도 역시 사람입니다'는 '나와 당신은 같은 사람입니다'라는 말이 아닌가! 복음의 내용을 이보다 잘 요약할 수 있는 한마디가 어디에 있겠는가!

베드로는 이제 고넬료 집에 모인 많은 이방인을 보며, 그들에게 말한다. "유대 사람으로서 이방 사람과 사귀거나 가까이하는 일이 불법이라는 것은 여러분도 아십니다. 그런데 하나님께서는 나에게, 사람을 속되다거나 부정하다거나 하지 말라고 지시하셨습니다. 그래서 여러분이 나를 부르러 사람들을 보냈을 때에 거절하지 않고 따라왔습니다"(행 10:28-29). 사람들의 부정과 하나님의 정결을 대립시키면서, 베드로는 자신이 이 집에 온 것이 하나님을 따른 것임을 분명하게 보여 준다. 음식에 대한 환상을 사람에 대한 복음으로 전환시키면서 말이다.

그리고 자신을 부른 이유를 묻는 베드로에게, 고넬료는 그간에 있던 사정을 말하며 "지금 우리는 주께서 선생님께 지시하신 모든 말씀을 들으려고, 다 같이 하나님 앞에 모여 있습니다"(행 10:33)라고 말한다. 그리고 베드로의 설교가 이어진다.

그러나 본격적인 설교가 행해지기 전에, 베드로와 고넬료의 이해에 동일한 지점이 있다. 복음이 출발하는 지점이다. 그것은 '우리가 하나님 앞에 있다'는 이해다. 베드로는 하나님이 깨끗하다고 하신 것을 따라 고넬료의 집에 왔다. 하나님이 아니라, 인간의 잣대를 생각했다면 오지 않았을 집이다. 그리고 큰절로 베드로를 환대하는 고넬료이지만, 그가 보고 있는 것은 하나님이다. 그가 자신의 집에 사람들을 불러 모은 것은 베드로를 소개하기 위함이 아니다. 그는 자신이 아는 모든 사람을 하나님 앞에 세운다.

성전이 아니라고 하더라도, 고넬료의 집은 하나님이 임재하시는 곳이 되었다. 그의 집에 임한 하나님의 사랑과 성령의 은혜는 이를 보여 준다. 하나님을 독점하려고 안간힘을 쓰던 유대인의 모든 노력이 소리 없이 무너져 내리는 순간이다. 성전이나 유대인에게 독점되었던 하나님이 자유롭게 되시는 순간, 이방인들이 그들을 따라 떠도시는 하나님을 자유롭게 만나는 순간, 그 집은 즐거움으로 넘쳐 났다. 그들을 누르고 있었던 것이 무너지고, 생명이 피어났기 때문이다. 아마도 그들은 누릴 수 없을 것이라 생각했던 그 생명 말이다. 이 즐거운 집에서 베드로가 몇 날을 더 머물며, 생명은 더욱 풍성해졌다.

고넬료의 종들이 욥바에서 하룻밤을 보내면서 했을 것, 그렇게 같이 먹고 마시며 사람들 사이에 경계가 무너지는 것을 경험하는 즐겁고 벅찬 시간이 흘렀을 것이다. 구원은 이렇게 시작되었다. 고넬료의 집에서, 모두 함께 말이다. 낡은 것을 무너뜨리고 새로운 질서를 세우는 즐거움과 더불어 말이다.

그리고 그 즐거움은 성경에 드러나든, 드러나지 않든지 간에 언제나 식탁의 기쁨으로 이어진다. 식탁이 얼마나 많은 사람에게 개방되었는지, 그것은 아마도 구원의 바로미터일 것이다. 함께 머물며 함께 먹는 시간 속에서, 이전에 함께할 수 없던 사람들이 자연스럽게 웃음으로 화답하는 즐거운 식탁, 그것이 구원이기 때문이다.

예루살렘에는 이 즐거운 구원을 함께할 수 없는 사람들이 있었다. 그들은 베드로를 향해서, "당신은 할례를 받지 않은 사람들의 집에 들어가서, 그들과 함께 음식을 먹은 사람이오"(행 11:3)라고 힐난했다. 그들은 닫힌 식탁에 앉아서 새로운 식탁의 즐거움을 알지 못하는 사람들이다.

새로운 질서는 기존의 것을 무너뜨려야 하는데, 아직도 그 무너지는 것을 떠받들려고 안간힘을 쓰는 사람들이 있다. 무엇이 무너져야 하는지를 알지 못하는 사람들이다. 그들에게 구원은 없다. 예루살렘의 사람들은 베드로를 이해하고 더 이상 비난하지 않았지만, 모든 유대인이 그렇게 빨리 자신들의 식탁을 더러운 자들에게 개방할 수는 없었을 것이다.

위선

예수의 식탁은 우리가 다른 사람을 향해
쏘아 내는 날카로운 눈빛,
‘너는 죄인이야’를 거둬들이게 한다.

베드로가 많은 일을 하며 애써 복음을 전했지만, 매번 부닥치는 상황들을 헤쳐 나가는 것은 쉽지 않았을 것이다. 상황은 시시각각 변하고 그에 대한 대처는 항상 힘겨웠을 것이다. 베드로가 안디옥에 있을 때도 그런 어려움이 있었던 것 같다.

사도행전에 따르면, 안디옥에 처음 복음을 전한 이들은 스데반에게 가해진 박해 때문에 흩어진 사람들이었다. 그들은 안디옥에서 유대인들을 중심으로 복음을 전했을 테지만, 그들 중 일부가 헬라인들에게도 말씀을 전하면서 이방인들이 복음을 믿게 되었다. 안디옥에 유대인들뿐 아니라 많은 이방인이 복음을 믿게 되었다는 소식을 듣자, 예루살렘 교회에 있던 지도자들이 바나바를 안디옥으로 보냈다. 바나바는 좋은 사람이며 성령과 믿음이 충만한 사람이었다. 바나바는 안디옥에서 일어난 하나님의 은혜를 보고 기뻐하며 그들을 격려했고, 더욱 많은 사람이 모여들었다.

이렇게 여러 사람들의 힘이 모아져서 안디옥에 믿는 사람들의 무리가 생겨났고, 바나바는 이를 더욱 견고하게 하기 위해서 다소에 있던 바울까지 안디옥으로 데려갔다. 바나바와 바울은 일 년 내내 안디옥에 머물면서 모임을 가지고 많은 사람을 가르쳤다. 이렇게 예수의 이름으로 모인 사람들은 '그리스도인'이라 불렸다. 안디옥에 예수의 이름으로 모인 사람들은 처음으로 그리스도인이라는 이름을 얻었다.

하나님의 말씀과 기도로 서로를 돕고 위로하며 살아가는 초대 교회의 모습이 당시 사람들에게는 낯설게 보였을 것이다. 그 낯선 모습은 이제까지 그들이 본 적 없는 것이었고, 새로운 모습에는 새로운 이름이 필요했을 것이다. 그렇게 새로운 삶의 모습으로 탄생한 것이 '그리스도인'이다. 우리는 안디옥에 모인 그리스도인의 모임을 안디옥 교회라고 부른다.

그 무렵 전역에 기근이 들었고, 특히 예루살렘이 어려움을 겪고 있었다. 그러자 안디옥 교회의 지도자들은 각자의 형편에 맞춰서 유대에 있는 믿는 자들에게 구제 헌금을 보내자는 제안을 했다. 안디옥 교회 성도들은 이런 제안에 흔쾌히 응했다. 아마도 그들은 공동체 내에서 행했던 일상적인 삶의 형태를 일면식도 없는 예루살렘 교회에까지 확장한 것일 테다. 기근으로 말미암아 예루살렘에 있는 믿는 사람들이 핍절하지 않도록, 그들이 하나님의 사람으로서의 존엄을 잃지 않도록 말이다. 그것을 실행한 이들은 바나바와 바울이었다.

이렇게 유대인들을 중심으로 한 예루살렘 교회와 이방 세계에서 처음으로 그리스도인이라는 이름을 달게 된 안디옥 교회는 서로 아름다운 교제를 하게 되었다. 서로의 필요를 채워 주면서 말이다. 예루살렘 교회가 안디옥에 말씀 전하는 사람들을 파송하며 그들이 그리스도인이라는 이름을 얻을 수 있도록 안디옥 교회를 도왔다면, 안디옥 교회는 기근을 견

더 낼 수 있는 물질적인 도움을 예루살렘 교회에 주었다. 그들은 자신들의 지역을 넘어서 식탁을 넓혀 나갔다.

함께 나누는 것이나 함께 먹는 것은 특정 공간으로 한정되지 않으며 정형화된 형태로 고정되지도 않는다. 식탁은 한자리에 있지 않더라도, 무엇인가를 먹일 수 있으며 무엇인가를 나눌 수 있는 것이다. 식탁은 보이지 않아도 함께할 수 있는 것이며 잡히지 않아도 함께 느낄 수 있는 것이다. 식탁은 움직인다. 이렇게 서로의 식탁을 걱정하면서 안디옥과 예루살렘 교회는 하나님 앞에서 함께 묶였다.

그런데 갈라디아서는 이러한 안디옥에 베드로가 머무르고 있을 때 발생한 문제를 전해 준다. 소위 '안디옥 사건'이라 부르는 것이다. 베드로가 이방인 중심의 안디옥 교회에 와 있는 모습은 낯설지 않다. 그리고 그들과 격의 없이 식사를 하는 베드로의 모습을 상상하는 것도 자연스럽다. 그런데 이 자연스러움을 허무는 일이 일어났다. 베드로가 이방인과 한창 밥을 먹으며 즐거운 시간을 보내고 있을 때 야고보가 보낸 사람들이 그곳에 도착했다.

밥을 먹을 때 누군가 방문하는 일은 언제든지 일어날 수 있는 별것 아닌 일이다. 그런데 문제는 베드로가 이방인과 밥을 먹고 있다는 사실과 하필이면 그때 들어온 사람들이 야고보가 보낸 사람들이라는 것이었다. 이 두 가지 사실은 자연스러운 베드로의 일상을 불경스러운 율법 파기로 몰아넣었다.

'야고보가 보낸 사람들'이라는 말은 그들의 정체를 추측할 수 있게 한다. 처음 교회에 분열이 일어나기 시작할 때 단초가 된 것은 히브리파 유대인과 헬라파 유대인의 갈등이었다. 이 둘은 모두 예수를 믿는 그리스도인들이었다. 그러나 히브리파 유대인은 예배 시에 히브리어를 사용할 뿐 아니라, 예수를 믿으면서도 유대의 율법을 지키는 사람들이었다. 헬라파 유대인은 예배 시에 헬라어를 사용할 뿐 아니라, 예수를 믿으면 율법으로부터 자유롭다고 생각하는 사람들이었다. 예수를 믿는 것에는 차이가 없지만 예수를 믿는 방식은 매우 달랐다. 이 다름은 늘 위태로운 긴장 관계를 유발했다.

야고보는 히브리파 유대인 중에서도 강경파에 속했다. 율법 준수와 할례를 강조했다. 반면에 베드로는 같은 히브리파 유대인에 속했지만, 야고보처럼 그러한 것들을 강하게 고집하지는 않았다. 이미 보았던 것처럼, 베드로가 고넬료에게 가기까지에는 정결법을 깨는 환상이 필요했지만, 그는 하나님의 음성을 들으며 정결법을 넘어설 수 있었다.

베드로와 야고보 사이의 미묘한 차이는 이들 사이에 갈등이 일어날 소지가 있음을 충분히 짐작하게 한다. 더욱이 안디옥 사건이 일어날 즈음에, 야고보는 예루살렘 교회의 지도

자였다. 그 내막을 정확하게 알 수 없지만, 예수가 하늘로 올라가고 교회에 대한 박해가 일어나면서 복음의 출발점이었던 예루살렘은 보다 더 보수적인 경향으로 기울었던 것 같다. 율법과 할례를 강조하는 야고보는 이에 적합한 지도자였을 것이다.

그러므로 안디옥에서 이방인과 밥을 먹는 베드로의 모습은 낯설지 않지만, 불안을 자아내는 것도 사실이다. 때마침 야고보가 보낸 사람들이 왔다면 말이다. 야고보가 보낸 사람들은 야고보와 같은 입장을 가진 강경한 히브리파 유대인들이었을 것이다. 베드로는 놀라서 마치 이방인과 식사를 같이 하지 않은 것처럼 시치미를 뗐다. 그리고 결국 바나바까지 이에 동참했다. 야고보에게서 온 사람들 때문에 베드로와 이방인의 식탁이 엎어졌다. 이것이 안디옥 사건의 전말이다.

○

안디옥 사건이 일으킨 파장은 무엇인가? 그것은 결국 같이 식사하던 이방인들에게 "너희는 우리와 달라. 너희는 여전히 부정해"라고 말하는 것이 아닌가! 안디옥에서 식탁이 엎어질 때, 베드로와 이방인을 하나로 묶으며 하나님 앞에서 부정한 것은 없다고 외쳤던 복음도 엎어졌다.

바울이 이 일을 전해 들었다. 바울은 당연히 분노했다. 바울은 헬라파 유대인에 속했다. 그렇다고 바울이 유대적인 것을 적대시하며 유대인을 구원에서 배제한 것은 아니었다. 그는 자신의 동족이 예수를 그리스도로 받아들이지 않는 것 때문에 마음에 슬픔과 고통을 느꼈다. 그는 "나는, 육신으로 내 동족 내 겨레를 위하는 일이면, 내가 저주를 받아서 그리스도에게서 끊어질지라도 달게 받겠습니다"(롬 9:3)라고 고백할 정도로 유대인의 구원에 진심이었다.

그는 이방인의 사도라고 자처했지만, 하나님의 구원 역사에서 이방인은 물론 유대인도 배제되지 않는다고 확신했다. 하나님은 모두를 구원하시기 때문이다. 바울의 신학을 한마디로 요약하자면, "유대인이나 헬라인이나 종이나 자유인이나 남자나 여자나 다 그리스도 예수 안에서 하나이니라"(갈 3:28)라는 갈라디아서의 구절이다. 이 구절은 놀랍도록 새로운 질서를 보여 준다. 그리스도 안에서 인종적, 사회적, 성(性)적으로, 어느 면에서든 차별이 없다는 내용이기 때문이다.

그리스도 안에서 모든 사람은 같다. 사람들 사이에 여러 가지 이유로 차별을 만들고 그로 인해 불이익을 준다면, 그것은 복음이 아니다. 우리가 '이신칭의'라고 부르는 것은 인간이 쌓아 올린 수많은 불평등과 차별의 장벽을 무너뜨리는 것이다. 그것은 모든 인간을 오직 하나님의 은혜 앞에 세운다. 모든 인간은 하나님의 피조물이기 때문이다. 하나님의 은혜는 예수 그리스도로 말미암아 죄인을 의롭게 한다. 그리스도의 복음은 선한 행위가 아니라, 하나님의 은혜로 말미암아 우리의 존재가 바뀌었다고 말하기 때문이다.

그리스도로 말미암은 복음은 우리가 다른 사람을 향해 쏘아 내는 날카로운 눈빛, '너는 죄인이야'를 거둬들이게 한다. 우리는 그런 짓을 할 수 없는 존재다. 어떤 이유로든 말이다. 그럼에도 누군가가 끊임없이 "아니야, 너는 죄인이야"라고 말한다면, 그는 복음 밖에 있는 사람임에 틀림없다.

잠깐 창조 이야기를 살펴보면, 하나님은 당신의 형상대로 남자와 여자를 창조하셨다. '하나님의 형상'에 대해서 의견이 분분하지만, 당시의 사람들에게 낯설지 않았을 이 말의 의미를 찾아가다 보면, '하나님의 형상'이라는 말이 나오는 오래된 문서를 만날 수 있다. 옛 문서에서 '하나님의 형상'은 종종 왕의 아들들의 탄생이나 왕의 즉위식에서 언급된다. 가장 존엄한 존재를 '신의 형상'을 가진 이로 칭송하는 것이다.

그렇다면 하나님이 당신의 형상대로 남자와 여자를 만드셨다는 이야기는 진정으로 놀랍다. 당시에 왕을 추앙하는 데 사용된 말을 일반적인 모든 사람에게 적용한 것이기 때문이다. 왕이 아니어도, 왕의 아들이 아니어도 모든 사람은 하나님의 피조물로서 존엄하다. 이 이상 새로운 인간 이해가 어디 있겠는가!

그러니 이제 하나님 안에서 어떤 이유로도 인간에 대한 차별이 있을 수 없다는 바울의 말은, 사실은 다시 창세기의 그 처음으로 돌아가는 것이다. 모든 인간을 만드신 하나님의 그 새로운 질서 속으로 말이다.

안디옥 사건에 대해서 바울이 분노하는 것은 이 때문이다. 바울은 베드로와 바나바의 행동을 '위선'이라는 말로 요약한다. 바울은 그들이 복음의 진리를 따라 똑바로 걷지 않았다고 질책한다. 혹 밥상 한 번 물렸다고 이렇게까지 화를 낼 일인가, 라고 말하고 싶은가? 베드로의 밥상은 단지 밥만 먹는 것이 아니라 일종의 표적이었다. '우리는 모두 하나님의 피조물'이라는 애틋함이 묻어 있는 표적 말이다. 베드로의 밥상은 그가 고넬료에게 했던 "나도 역시 사람입니다"를 상기시키는 일상이었다.

그러나 누군가는 그 밥상을 뒤엎기도 하고, 스스로 그것을 뒤엎게 만들기도 한다. 누군가는 '나는 너와 같지 않다'는 경멸의 눈초리를 그렇게 쉽게 거두면 안 된다고 가르친다. 그래서인지 당연하고 이상한 질서들은 지치지 않고 이어진다. 지금 우리에게 유대인과 이방인의 갈등은 없다. 그러나 우리는 부자와 가난한 자, 남자와 여자, 선주민과 이주민의 간극을 넓히며, '우리가 정말로 똑같은 사람인 줄 아냐?'며 종주먹을 대는 세상에 살고 있다. 심지어 그리스도인이라는 이름을 가진 모임에서까지도 말이다.

베드로가 꿋꿋하게 즐거운 식사를 했으면 좋았으련만, 식탁은 단순히 먹는 장소가 아니라 사람을 세워 주는 장소라는 것을 알았으면 좋았으련만, 그렇지 못했기에 베드로의 엎어진 식탁은 믿음과 위선을 가르는 바로미터가 되었다. 식탁 위에, 믿음과 위선을 판가름하는 한 장의 얇은 종이가 놓여 있다. 이것을 어찌하면 좋을까….

자유

강한 자의 믿음이 약한 자의 믿음에
걸림돌이 되지 않도록 자유를 유보하는 것,
이것이 식탁이다.

식탁이 믿음의 바로미터가 되는 것은 누구와 먹을 것인가의 문제만은 아니다. 이방 세계에 복음이 전파되면서 식탁이라는 일상성은 문화가 충돌하는 지점이 되었다. 무엇보다도 우상에게 제물로 바쳐졌던 고기를 먹는 것은 항상 문제였다. '항상'이라는 말을 쓸 수 있는 것은 같은 문제가 고린도 교회에서도, 로마 교회에서도 발생했기 때문이다.

이방 세계에 있는 교회라고 하더라도 이방인들만으로 이루어져 있지 않았다. 예수 그리스도의 이름으로 모인 교회는 하나님에 대한 믿음을 근거로 하며, 구약 성경 전통과 연결되어 있다. 예수와 제자들을 비롯해서 교회를 처음 이루었던 사람들은 유대인들이었다. 그리스도교의 출발점에는 유대인들이 있다.

예수를 따르던 유대인들은 하나님 나라가 곧 올 것이라는 오래된 종말론적 믿음이 예수를 통해서 이루어졌다고 믿었다. 그러므로 그들은 하나님 나라가 가까웠다는 예수의 선포에 희망을 걸었으며, 예수를 통해서 도래한 새로운 하나님 나라에서 안식을 얻었다. 그리고 예수의 복음이 이방 세계에 전파되면서 하나님에 대해서 알지 못했던 이방인들에게도 복음은 구원의 소식이 되었다.

교회는 이렇게 유대인들과 이방인들로 구성되었다. 그러니 처음부터 교회가 얼마나 복잡한 형태였을지 알 만하다.

유대인이라고 하지만, 그 유대인들이 모두 같은 입장을 가지고 있지 않다는 것을 이미 보았으니 말이다. 히브리파 유대 그리스도인과 헬라파 유대 그리스도인의 갈등에, 이방인 그리스도인까지 더하여 있으니 모든 것에서 하나가 된다는 것은 쉽지 않은 일이었다.

특히 먹는 문제는 일상적이기 때문에 시급한 것일 뿐 아니라 정체성을 드러내는 것이기도 했다. 당시에 고기는 이방 세계에서 시장에서 살 수 있었는데 대부분 이방 신전에 제물로 바쳐졌다가 나온 것이었다. 이방인들에게 그것은 문제가 될 것이 없었다. 이방 세계는 대부분 다신교에 대한 믿음을 가지고 있었기에, 어느 신전에 드려졌던 고기든 상관이 없었다.

그러나 유일신을 믿는 유대인들과 그리스도인들에게 그 고기를 먹는 문제는 매우 중요했다. 그것을 먹느냐 마느냐는 그들의 정체성에 관한 것이었기 때문이다. 고린도 교회와 로마 교회에서 이 문제가 발생했다. 어떤 이들은 우상이 어디 있냐며 아무렇지도 않게 고기를 먹었지만, 어떤 이들은 우상에게 바쳐졌던 고기를 먹는 것이 쉽지 않았다. 그것은 반드시 인종적인 차이가 아니라, 믿음의 차이에서 연유했다.

바울은 아무것에도 구애받지 않고 고기를 먹을 수 있는 사람들을 '믿음이 강한 사람'이라고 불렀다. 반면 그들만 한 믿음을 갖지 못하고 양심이 약해서 우상에게 바쳐졌던 음식을 먹을 수 없는 사람들을 '믿음이 약한 사람'이라고 불렀다. 이들은 자신들의 약한 믿음 때문에도 괴롭고, 누군가 자신들의 약한 믿음을 탓하는 것 같아서 불편했을 것이다.

먹는 것으로 말미암아, 누군가는 아무렇지 않고 누군가는 불편한 심기를 가질 수밖에 없는 갈등과 대립이 생겨났다. 이러한 문제가 일어났을 때, 바울이 잣대로 들이대는 것은 두 개다. 하나는 지식이며, 다른 하나는 사랑이다. 이 해법은 고린도전서에 나온다.

우상이 있다, 없다를 따지며 옳고 그름을 분별하는 것은 지식에 근거한 것이다. 지식에 근거하자면, 바울은 믿음이 강한 사람의 편을 들어 준다. 그들의 주장대로 우상 따위는 없다. 하나님 외에 다른 신이 없으니 말이다. 이방 신전에서 나왔다고 하더라도 그것은 그냥 고기일 뿐이다. 못 먹을 이유가 없다. 그러나 사랑이라는 잣대로 보자면, 말은 달라진다. 하나님 외에 신이라고 불릴 수 있는 것은 없지만, 모든 사람이 똑같이 그러한 것을 깨달을 수 있는 정도에까지 다다를 수는 없기 때문이다.

어떤 사람들은 예수를 믿게 되었다고 하더라도, 자신들이 지금까지 배운 것들에서 벗어나기가 쉽지 않다. 우상이 아무것도 아니라는 것을 머리로는 알지만, 마음의 불편함이 거둬지지 않는 사람들도 있다. 그들은 우상에게 바쳐졌던 고기를 먹는 것이 어렵다. 그래서 시장에서 맛있게 고기를 먹는 사람을 보면 자괴감이 들기도 할 것이다. '나는 왜 저런 높은 정도의 믿음에까지 이르지 못할까?', '저런 잘난 척하는 사람들이 나를 얼마나 비웃을까?' 혹은 '저렇게 하는 것이 옳은가?'라는 마음도 생길 수 있다.

믿음이 약한 사람들은 이렇듯 자신의 믿음을 비관하거나, 혹은 다른 사람의 믿음을 의심할 수도 있을 것이다. 믿음이 약한 사람들은 흔들릴 수밖에 없다. 그러나 믿음이 강한 사람들은 자신들의 올바른 지식에 취해서 믿음이 약한 사람들을 단순히 정죄하고 무시하면 그뿐이다. 그들은 흔들리지는 않을 것이다.

이러한 상황에 대해서 바울은 지식적으로 옳다고 하더라도, 공동체에서 행할 때의 기준은 지식이 아니라 사랑이라고 말한다. 지식은 사람을 교만하게 하고, 사랑은 덕을 세우기 때문이다. 지식에 따라서만 행동한다면, 믿음이 약한 사람은 공동체에 머물 수가 없다. 누군가가 '너는 틀렸어!'라는 눈빛을 날마다 쏘아 대는 곳에서 견딜 수 있는 사람은 많지 않다.

그러므로 바울은 믿음이 약한 사람이 아니라, 믿음이 강한 사람에게 권고한다. 그들에게 바울은 우리를 하나님 앞에 내세우는 것은 음식이 아니라고 말한다. 특정 음식을 먹는다고 잘난 것도 없고, 이로울 것도 없다. 음식 자체는 중요하지 않다.

바울은 우상에게 바쳐졌던 고기를 먹을 것인가, 말 것인가의 문제를 믿음에 있어서 중요한 것이 무엇인지의 문제로 바꾸어 버린다. 먹는 것이 믿음의 핵심은 아니다. 이것은 결국 예수의 이야기로 돌아가게 한다. 누구와 무엇을 어떻게 먹는가는 중요하지 않다며, 모든 사람을 자신의 식탁으로 불러 모은 사람이 예수가 아니던가!

하나님 앞에서 중요한 것은 음식이 아니라 사람이다. 그러므로 무엇이든 먹을 수 있는 믿음이 강한 자들의 자유가 어떤 것을 먹을 수 없는 믿음이 약한 자들에게 걸림이 된다면, 그 자유는 사용하지 않는 것이 옳다. 이것이 사랑이다. 그리고 이 사랑이 공동체에 덕을 세운다. 공동체의 덕이란 약한 사람들을 세우며 함께 그리스도의 몸을 이루는 것이기 때문이다.

○

바울은 믿음이 강한 사람의 행동 때문에 믿음이 흔들린 그 사람을 살리기 위해서 그리스도가 죽었다는 사실을 상기시킨다. 믿음이 약한 자들을 흔들리게 함으로써, 믿음이 강한 자들이 그리스도의 죽음을 물거품으로 만들 수 있다는 것을 경고하는 것이다. 바울은 그것은 그리스도에게 죄를 짓는 것이라고 단호하게 말한다.

지식적으로도 틀리지 않은 자신의 강한 믿음으로 한 행동이 그리스도에게 죄를 짓는 행동으로 나타난다는 것은 매우 놀라운 논리의 전개다. 그러나 바울의 논리에는 빈틈이 없다. 믿음은 개인적인 것뿐만이 아니라 공동체적인 것이기 때문이다. 예수는 나를 위해서 죽었지만, 나만을 위해서 죽지는 않았다. 예수는 나를 위해서, 그리고 우리를 위해서 죽었다.

예수 안에서 살아나는 것은 나이며, 또한 우리다. '우리'가 없다면야, '나'는 올바른 지식에 따라 온갖 것을 먹을 수 있는 자유를 누리는 데 아무런 문제도 없다. 그러나 부자의 대문 앞에 있던 나사로처럼, 내 앞에 '너'가 있고, 나와 네가 함께 '우리'를 만들어야 한다는 데 문제가 생긴다. 강한 자의 믿음에는 문제가 없지만, 강한 자의 믿음이 약한 자의 믿음에 걸림돌이 될 때, 바울은 강한 자에게 말한다. "네 자유를 유보해라!"

바울은 이 이야기를 자신에 빗대어서 말한다. "음식이 나의 형제자매를 걸어서 넘어지게 하는 것이면, 나는 그들 가운데 어느 한 사람이라도 걸려서 넘어지지 않게 하기 위해서, 평생 고기를 먹지 않겠다"(고전 8:13)라고 말이다. 바울이 먹을 수 없어서가 아니다. 다른 사람의 믿음을 세우기 위해서라면 언제든지, 평생이라도 먹을 수 있는 자유를 유보하는 것, 그것이 바울에게는 믿음이다. 위선과 믿음의 갈림길이 놓여 있던 식탁은 이렇게 믿음과 자유라는 새로운 지평을 보여 주는 장소가 된다. 식탁에서 보아야 할 것은 음식이 아니라, 언제나 사람이기 때문이다.

바울은 자신이 사도로서 무엇이든 할 수 있는 자유가 있지만, 그것을 쓰지 않았다고 말한다. 자신의 자유로운 행동이 그리스도의 복음을 전하는 일에 지장을 주지 않도록, 모든 것을 참았기 때문이다. 하나님의 은혜로 구원받은 자들이 할 수 있는 일이란 그런 것이다. 그리스도의 죽음의 의미를 기억하면서 그리스도의 생명에 동참하는 것이다. 그 생명에의 동참은 결국 자신을 죽이는 것이다. 바울은 이렇게 스스로의 자유를 유보하며 다른 사람들의 처지를 이해하고 그들의 약함을 같이 나누며 그들과 함께 구원의 길에 들어서고자 한다.

우리는 모두 자신의 식탁에서 무엇이든 누릴 수 있다. 그것을 탓할 수 없다. 이름도 외울 수 없는 음식들을 구경도 못한 사람들의 처지까지 생각하라는 것은 무리한 요구일 수도 있다. 그러나 자신의 식탁이 누군가를 부끄럽고 초라하게 만들지 모르겠다는 마음 정도는 쓸 수 있었으면 좋겠다. 그를 자신의 식탁에 앉히지는 못하더라도, 자신이 누리는 호사가 다른 사람의 믿음에 걸림이 되지 않을까, 정도를 생각할 수 있다면 더할 나위 없겠다. 식탁은 음식이 올라오는 곳이 아니라, 사랑이 올라오는 곳이기 때문이다.

어쩌면 이 때문에, 문득 자장면이 싫다고 하신 어머니, 언제나 사과 껍질이 가장 맛있다던 어머니, 그 어머니의 밥상이 생각나는 것인지도 모르겠다. 어머니의 밥상에는 내 처지를 헤아려 주는 고마운 마음이 있다. 물론 그것이 당연하지는 않지만 말이다.

어머니가 내어 주던 자장면이나 사과는 지금 와서 보면 별것 아니다. 그까짓 고기도 별것 아니기는 마찬가지다. 그것들을 안 먹는다고 무슨 일이 생기지도 않는다. 그러나 음식에 묻어오는 어떤 맛들에는 산해진미를 먹어도 느낄 수 없는 무엇인가가 있다.

지금은 그보다 더 맛난 것을 언제나 먹을 수 있다고 하더라도, 기억 속에 그런 맛이 있다면, 그런 맛을 누군가에게 재현할 수 있다면, 그것은 복이다. 그것을 흉내 내며, 자신이 누리고 싶은 것, 자신이 누릴 수 있는 것들을 뒤로하고 다른 사람의 든든한 한 끼를 걱정하는 마음으로 한 상을 차릴 수 있다면, 그 식탁은 약한 마음을 일으키고 돌아서는 사람을 불러 세울 수 있을 것이기 때문이다.

그렇게 식탁의 참맛을 배워 나가면서, 어느 순간 우리도

슬쩍 자신의 밥그릇을 다른 사람에게 내밀며 "내가 싫어하는 맛이야 너나 먹어라!"와 같은 말을 중얼거릴 수도 있다. 집에 와서는 허겁지겁 라면을 끓이겠지만 말이다. 그러나 그러다 보면, 어느새 누군가는 또 나를 위해 자신의 밥그릇을 내밀며 더 이상 사과 껍질은 먹지 말라고 웃어 주지 않겠는가!

음식이 아니라 음식을 둘러싼 사연들이 돌고 돌면서, 서로의 믿음을 보살피는 알뜰함이 배면서 식탁은 그렇게 따뜻하게 데워진다. 무엇을 먹은들 어떻겠는가? 그들과 함께 나누는 식탁 속에서 그리스도의 구원이 드러난다면 말이다. 하고 싶은 것을 다 한다고 행복이 찾아오는 것은 아니다. 너를 위해서 포기한 자유가 너와 나를 하나로 만들 때, 고기 없는 식탁도 웃음으로 넘칠 것이다.

욕망

종이 한 장 차이로, 식탁은 기다림과
물러섬이라는 믿음의 길로 인도되기도 하고,
욕망의 길로 빠지기도 한다.

고린도 교회에서 발생한 또 다른 먹는 문제는 끊임없이 이어지는 식탁의 문제들을 고스란히 드러내 준다. 그것은 성만찬과 관계된 것이었다. 지금 우리가 성만찬으로 부르는 것의 기원은 예수가 제자들과 나눈 마지막 식탁이다. 성만찬은 시간이 지나면서 지금의 형식으로 정형화되었다. 그러나 초기에 성만찬과 교제를 위해서 나누었던 애찬이 분명하게 구분되지는 않았다. 초대 교회는 함께 모여 기도하며 말씀을 나누었을 뿐 아니라 함께 떡을 떼었다. 그런 모습이 교회였고, 그런 사람들이 그리스도인이었다.

함께 식사를 나누는 애찬 때에 발생한 문제의 핵심은 모두 함께 그 식탁에 앉을 수 없었다는 것이다. 바울은 이 문제에 대해서 고린도 교회 성도들을 심각하게 질책했다. 함께 식탁에 앉을 수 없었다는 사실은 공동체의 균열을 의미하는 것이기 때문이다.

추정해 보건대, 식사를 위해서 모일 때 누군가는 먼저 와서 먹고 또 누군가는 나중에 와서 먹게 되었던 것 같다. 게다가 먼저 온 사람들은 나중에 먹을 사람들에 대한 배려도 없이 자기가 먹고 싶은 대로 실컷 먹고 가 버렸다. 아마도 함께 먹기 위해서 각자 얼마간의 먹을 것들을 싸 왔을 것인데, 그것을 나눌 틈도 없이 누군가는 자기의 배를 충족시키고 누군가는 빈 식탁을 마주하게 되었던 것이다.

나중에 온 사람들이 느꼈을 황당함과 모멸감이 어떠했 겠는가! 이것은 공동체의 분열을 촉진하는 것이며, 그것이 더 이상 그리스도인의 모임이 아니라는 것을 드러내는 것이 기도 하다. 그러면 도대체 누가 먼저 와서 음식을 몽땅 먹어 치우는 일을 벌일 수 있었을까?

　　바울의 이야기를 듣다 보면 그들의 정체를 추측할 수 있 다. 바울은 그들에게 "너희가 먹고 마실 집이 없느냐 너희가 하나님의 교회를 업신여기고 빈궁한 자들을 부끄럽게 하느 냐"(고전 11:22)라고 질책한다. 공동체에 문제가 생겼을 때 바 울은 항상 먼저 힘 있는 사람들에게 권고한다. 앞에서 우상에 게 바쳐졌던 고기를 먹는 문제에 있어서, 바울의 화살이 믿음 이 강한 사람들에게로 향했던 것처럼 말이다.

　　누군가가 먼저 와서 식탁을 차지할 수 있었던 이유는 아 마도 그들의 높은 사회적 지위 때문이었을 것이다. 그들은 집 이 있으며 가난한 사람들에게 수치를 일으킬 수 있는 사람들 이다. 교회의 가장 큰 특징은 '누구나'다. 인종적, 사회적, 성 적 경계를 정하지 않고 모든 사람이 모일 수 있는 곳이 교회 였다. 이런 모임은 당시에 흔하지도 않았으며 가능하지도 않 았다.

　　고대는 매우 분명한 계급 사회였다. 자유인과 종의 신분 이 다르고, 남자와 여자의 신분이 달랐다. 유대인과 이방인이 달랐다. 자유인 남자가 누릴 수 있는 권리와 자유는 종이나 여자가 누릴 수 있는 것과는 비교할 수 없었다. 종은 주인의 재산에 불과했고, 여자와 아이는 그 집안의 남자 가장의 말에 따라야 했다. 그들은 독립적인 존재라 할 수 없었다. 인종적으로 유대인은 다른 종족들을 이방인, 혹은 야만인이라 부르며 무시했다.

이런 복잡한 관계 속에 있는 주인과 종, 남자와 여자, 유대인과 이방인이 그리스도인이라는 이유로 하나로 묶인 모임이 교회였다. 교회가 얼마나 복잡한 공동체인지는 그 구성원의 사회적 역학 관계만 살펴보아도 알 만하다.

그런데 교회의 새로움은 이들이 함께 모였다는 것에만 있지 않고, 이런 다양한 관계의 사람들이 모여서 새로운 질서를 만든다는 데 있다. 그 새로움은 이전의 관계를 무효화하는 것이다. 교회에서 종과 주인의 사회적 관계는 실효성을 잃는다. 여자와 남자의 가부장적 관계도, 이방인과 유대인의 인종적 차별도 마찬가지다.

교회에서 중요한 것은 그 모든 사람이 그리스도 안에, 하나님 앞에 있다는 사실이다. 모든 사람은 그리스도 안에서 하나님의 은혜로 구원을 받기 때문이다. 행위로 구원받지 못한다는 것은 누구도 그리스도 안에서 내세울 것이 없다는 말이다. 구원은 예수로부터 거저 받을 뿐이기 때문이다. 그들에게는 하나의 직함만이 존재한다. '하나님의 피조물'이라는 이름이다.

이전의 어떤 직책이나 신분도 중요하지 않은 곳, 모든 사람이 새로운 평등 관계를 만들어 나가는 곳, 그곳이 교회다. 그래서 그들은 함께 재물을 나누고, 다른 이들의 고통을 자신의 것처럼 아파하며, 서로의 필요를 채워 주려고 관심을 기울인다.

그렇게 시작된 교회였는데, 이제 누군가 먼저 와서 배부르게 먹고 다른 사람들의 식탁 따위에는 관심도 가지지 않는 일이 발생했다면, 그것은 무엇을 뜻하겠는가? 그것은 하나님의 피조물이라는 이름 외에 다른 것들이 기능하기 시작했다는 의미이기도 하다. 다른 직책이나 권위가 교회 내에 작동하며, 그러한 것들이 교회와 맞지 않는다는 생각이 멈추게 되었다는 것이기도 하다. 그것은 세상에서 당연하게 받아들여지는 종과 주인, 여자와 남자, 이방인과 유대인의 차이와 그에 따른 차별이 교회에서도 발생한 것을 의미한다.

먼저 와서 먹을 수 있는 사람들은 아마도 자유인 남자이며, 더욱이 경제적으로 교회에서 힘을 쓸 수 있는 사람들이었을 것이다. 그들은 세상에서 힘을 누리던 사람들이고 그 힘을 교회에서도 포기할 수 없었던 사람들이다. 그들은 언제나 자신들이 먼저, 자신들이 원하는 것을 하는 것이 당연한 사람들이다. 그것은 탐욕이다. 믿음이 들어설 자리에 탐욕이 얼굴을 내밀면, 교회는 흔들린다.

그들의 당연한 행동 때문에 상처를 받았던 사람들은 교회는 새로울 것이라고 꿈꾸었다. 하지만 고린도 교회는 '상처받는 사람은 늘 그렇게 상처받을 것'이라는 만고의 진리를 바꾸지 못하게 되었다. 교회는 악순환을 지속시키는 곳이 되었고, 그것이 믿음으로 포장되었다.

바울은 그것이 파국이라는 사실을 알아차렸다. 새로움을 꿈꾸게 하지 못한다면 교회는 더 이상 그리스도인의 모임이 될 수 없기 때문이다. 바울이 먼저 와서 먹은 자들을 비판하는 것은 이 때문이다. 그들이 배부를 때, 가난한 사람들이 느꼈을 그 익숙한 수치를 교회가 치유하지 못한다면, 교회는 희망이 없다.

그러므로 바울은 함께 모여서 밥을 먹는 것의 의미를 상기시키기 위해, 그들이 나누는 떡과 포도주가 우리를 위해 내어 준 예수의 몸과 피임을 기억하라고 말한다. 바울이 예수의 마지막 만찬을 상기시키는 이유는 교회에서 나누는 애찬은 단순한 친목 모임이 아니기 때문이다. 교회에서 나누는 식탁은 끼니를 때우려는 데 목적이 있지 않다. 그것은 그리스도가 우리를 위해서 죽은 구원의 목적을 기억하며 살겠다는 결단이다. 그러나 애찬의 식탁이 탐욕의 자리로 변하는 순간, 그러한 식탁의 의미는 사라진다. 우리를 위한 예수의 죽음마저도 탐욕과 이기심의 수단이 되고 만다.

그러므로 식탁과 마지막 만찬의 의미를 연결한 후에, 바울은 "그러므로 누구든지 주의 떡이나 잔을 합당하지 않게 먹고 마시는 자는 주의 몸과 피에 대하여 죄를 짓는 것이니라 사람이 자기를 살피고 그 후에야 이 떡을 먹고 이 잔을 마실지니 주의 몸을 분별하지 못하고 먹고 마시는 자는 자기의 죄를 먹고 마시는 것이니라"(고전 11:27-29)라는 말로 고린도 교회 성도들을 권면한다.

문제는 이 권면에 대한 해석에서 발생했다. 식사에 참여하기 전에 자신을 돌아보라는 이 권면은 '자신의 죄를 회개하라'는 의미로 해석되어 전해졌다. 성만찬이 점차 제의화되고 성만찬에 참여할 수 있는 조건이 교리화되면서, 이러한 해석이 더욱 힘을 얻었다. 본문이 가지고 있는 고린도 교회의 상황은 제거되었다.

○

다시 고린도 교회의 현장으로 돌아가 보자. 지금 고린도 교회에 애찬으로 인한 문제가 발생했고, 그것은 교회가 분열

될 수 있는 원인이 되었다. 바울이 하고자 하는 것은 이 문제를 해결하는 것이다. 그 해결책으로 바울은 애찬의 의미를 상기시킨다. 바울은 함께 밥을 먹으면서 주님의 마지막 만찬을 기억하며 서로 하나가 되라는 말을 하고 싶은 것이다.

바울은 '주의 몸과 피에 대하여 죄를 짓는 것이다'나 '자기의 죄를 먹고 마시는 것이다'와 같은 표현으로 근본적인 죄의 문제를 다루려는 것이 아니다. 실제로 '죄를 짓는 것이다'로 번역된 말은 '명예롭지 못하게 하다'라는 의미이며, '자기의 죄'로 번역된 말은 '자기의 판단, 결정'이라는 의미를 갖는다. 여기서 바울은 '죄'가 아니라 자신이 한 '행동'에 대한 책임을 묻고 있다. 먼저 와서 자기만 배부르게 먹고 가는 그 합당하지 않은 행동을 들추어내면서 말이다.

탐욕을 드러내는 합당하지 않은 행동은 욕망으로부터 나온다. 나를 드러내고 싶은 욕망, 우위를 점하고 싶은 욕망, 다른 이를 지배할 수 있는 권세를 뽐내고 싶은 욕망. 그러한 욕망은 결국 나를 망치고, 우리를 망친다. 바울도 그 합당하지 않은 행동 때문에 교회에 분열이 생긴 것을 주의 몸이 찢긴 것이라 말한다. 교회 전체는 주의 몸이기 때문이다. 교회의 분열은 우리를 위한 주의 몸과 피를 헛된 것으로 만든다. 바울이 망가진 애찬과 성만찬을 연결시킨 것은 욕망이 구원을 파괴할 수 있다는 것을 보여 주려는 것이다. 그리고 고린도 교회 성도들을 다시 구원의 자리로 돌려보내려는 것이다.

그러나 시간이 지나면서 바울의 본래적 권면의 의미는 망각되었고, 욕망의 문제는 가려졌다. 바울이 고린도 교회에 제시한 구체적인 대안도 빛을 바랬다. 바울의 대안은 먹으려고 모일 때에 서로 기다리라는 것이었다. 문제의 심각성에 비하면 해결책은 매우 단순했다. 기다리면 된다. 먼저 온 사람들, 자유롭게 언제 어디서든지 마음대로 행동할 수 있는 사람들이 여러 가지 이유로 조금 늦게 오는 사람들, 혹은 쭈뼛거리며 먼저 다가오지 못하는 사람들을 기다려 주면 된다. 그렇게 기다렸다가 함께 먹으면 합당하지 않은 행동이 생길 이유가 무엇이겠는가!

혹 누군가가 그들이 항상 늦게 오는 통에 늘 배가 너무 고프다고 핑계를 대고 싶다면, 그에 대한 해결책도 매우 단순하다. 바울은 배고픔을 참지 못할 사람이라면 집에서 미리 무엇을 좀 먹고 오든지, 아예 애찬에 참여하지 말고 빨리 집에 가서 먹으라고 말한다. 이것도 진짜 좋은 아이디어다. 자신의 배고픔 때문에 주의 몸을 망치는 것보다는 말이다.

그러나 이 단순한 일을 하고 싶지 않은 이유는 분명하다. 남보다 먼저 먹어야 드러날 수 있는 위세가 사라지는 슬픔까지 감당하고 싶지는 않기 때문이다. 어쩌면 기다림이 유발할 수 있는 손해 아닌 손해를 감당하는 것이 싫을 수도 있다. 다른 사람을 위해서 나를 바꾸는 것은 폼이 나지 않는다고 생각할 수도 있다.

식탁 위에는 또 다른 얇은 종이가 놓여 있다. 기다림과 욕망의 갈림길이다. 어쩌면 물러섬과 욕망의 갈림길일 수도…. 어느 때에는 함께 먹지 않고 물러서는 것이 더욱 식탁을 빛낼 수도 있을 것 같기도 하다. 적당히 빠져 주는 미덕이라고나 할까! 종이 한 장 차이로, 식탁은 기다림과 물러섬이라는 믿음의 길로 인도되기도 하고, 욕망의 길로 빠지기도 한다. 자신의 욕망을 누를 수 있는 타인에 대한 배려, 그것만이 기다리거나 빠지거나 간에, 우리의 식탁에 예수의 몸이 드러나게 할 수 있다.

시
기

잔치의 시간에 반드시 있어야 할 사람이
함께하면 식탁은 빛이 나고
웃음이 넘칠 것이다.

세리와 죄인들과 나누는 예수의 식탁은 언제나 바리새인들의 시빗거리가 되었고, 예수는 비유로 죄인들과 식탁을 나누는 이유를 설명한다. 잃은 양 비유, 잃은 은전(드라크마) 비유, 잃은 아들들 비유는 모두 예수의 식탁과 관련된 것이다. 누가복음에서 이 비유들의 공통점은 결론이 잔치로 끝난다는 것이다. 비유의 목적은 잔치의 풍성함과 즐거움을 예수의 식탁과 연결시키는 것이며, 이 잔치를 통해서 예수의 식탁을 종말론적 구원의 표적으로 만든다.

그러나 비유를 세세히 들여다보면, 예수의 식탁이 갖고 있는 의미를 드러낼 뿐 아니라 그 식탁에 대한 반응을 통해서 예수의 식탁을 어떻게 우리의 삶으로 가져올 것인가의 문제도 다룬다. 잃은 양 비유와 잃은 은전 비유는 찾은 사람이 이웃을 불러 모으고 "나와 함께 기뻐하자. 잃었던 양(은전)을 찾았다"라고 말하는 것으로 끝을 맺는다.

아마도 비유를 듣다 보면, 너도 나도 이 즐거운 잔치에 참여하고 싶은 마음이 들 것이다. 잃은 것을 찾아서 즐겁다는데 괜한 심술을 부릴 사람이 있을 것 같지는 않다. 더욱이 자신들은 찾는 것을 도와주는 수고도 하지 않았지만 잔치의 기쁨을 함께 누릴 수 있으니, 이보다 좋은 일이 어디 있을 것인가! 그냥 가서 즐거운 마음을 나눠 주기만 하면 된다.

그러나 세 번째 나오는 '잃은 아들들' 비유, 즉 우리가 '탕자의 비유'라고 부르는 것은 조금 더 복잡하다. 결론부터 말하자면, 아버지의 잔치는 앞의 두 잔치만큼 그렇게 흥겹지 않다. 이 비유에는 그런 잔치에는 절대 참석하지 않겠다고 뻗대는 큰아들이 등장하기 때문이다.

아버지에게는 두 아들이 있었다. 어느 날 작은아들이 자신의 몫을 요구했고, 아버지는 해 달라는 대로 해 주었다. 그랬더니 작은아들은 아버지에게 물려받은 재산을 팔아서 정리하고 아버지의 집을 떠났다. 그리고 그곳에서 재산을 모두 탕진했다. 먹고살기 위해서 돼지를 치는 처량한 신세에 이르렀다. 아버지의 집에서 누렸던 안락함은 사라졌고 돼지와 뒤엉켜 지내야 하는 부정한 신세로 전락했다. 그렇게라도 살아보고 싶었지만 현실은 녹록하지 않았다. 그는 돼지가 먹는 쥐엄 열매로라도 배를 채우고 싶었으나, 그것마저 먹을 수 없었다.

이 극한 상황에서 그가 기억한 것은 아버지의 집이었다. 아버지의 집에 있는 그 많은 품꾼 중 누구도 끼니를 걱정하는 사람은 없었다. 그들의 식탁은 풍성했고 그들은 안전했다. 이제 작은아들은 염치 불고하고 아버지의 집에 돌아가는 방법 외에 살길이 없다는 사실을 깨달았다. 그는 자기가 아들이라고 내세울 생각은 하지도 못했고 아버지 집의 품꾼들 중 하나로만 살아도 감지덕지라고 생각했다.

물려받은 재산을 처분하고 아버지의 집을 떠나올 때부터 그는 탕아였다. 그가 받은 재산을 다 잃지 않았더라도 말이다. 아버지에게 할 수 없는 짓을 했기 때문이다. 아직 아버지가 살아 있을 때 아버지에게 재산을 요구하고 그것을 팔아 버리는 행위는 몰염치 그 자체다. 그런데 이제 그 모든 것을 잃고 다시 아버지에게 가는 것이 쉽지는 않았지만, 그에게 그 염치없는 행동 외에 다른 길은 없었다.

아버지는 묻지도 따지지도 않고 아들을 반겨 맞아 주었다. 거지꼴을 한 아들에게 어떤 질책도 없었다. 아들은 아버지의 품꾼이면 족하다며 집으로 돌아왔지만, 아버지는 그가 언제나 아들임을 모두에게 상기시켰다. 아버지는 그에게 새 옷을 입히고, 새 신을 신기고, 아들임을 드러내는 반지를 끼워 주었다. 그러나 아버지의 기쁨은 거기서 끝나지 않았다. 아버지는 자신만이 아니라 모든 사람이 기뻐할 수 있도록 잔치를 배설했다. 아버지의 식탁은 풍성하고 기쁨이 넘쳐 났다.

집에 있던 사람들 중 아마도 작은아들을 비아냥거리는 사람들이 있었을지 모르겠지만, 그들이 굳이 그 잔치를 마다할 이유는 없었을 것이다. 작은아들이 떠난 뒤, 아버지의 눈물과 슬픔을 아는 사람이라면 작은아들 때문이 아니라 아버지 때문에 그 잔치의 흥겨움에 기꺼이 참여할 수 있었을 것이다. 아버지를 생각하면 아들이 다시 돌아온 것이 얼마나 다행스러운 일인가!

○

멀리서 그 즐거움이 보일 정도로 아버지의 집에 흥이 넘쳐 날 때, 밭에서 돌아오던 큰아들은 흠칫 놀랐다. 매일매일이 그렇고 그랬던 그 집에 무슨 일이 일어났는가? 큰아들은 재산을 탕진한 작은아들이 돌아왔고 아버지가 큰 잔치를 열었다는 소리를 들었다.

그러나 큰아들은 같이 기뻐하지 않았다. 큰아들은 기분이 상했다. 그의 심술은 이상하다. 작은아들을 괘씸해할 사람은 아버지이지, 큰아들은 아니기 때문이다. 더군다나 아버지는 작은아들이 재산을 요구할 때, 작은아들만 챙겨 준 것이 아니라 큰아들에게도 그의 몫을 나누어 주었다. 작은아들 때문에 큰아들이 손해 본 것은 없다. 그런데 작은아들을 환대하며 그를 위해 잔치가 벌어진 것을 보며 큰아들의 알 수 없는 심술이 폭발한 것은 무엇 때문인가?

큰아들이 돌아왔지만 집에 들어와서 함께 잔치에 참여하려고 하지 않자, 급기야 아버지가 집 밖으로 나왔고, 그제야 큰아들의 심술의 원인이 분명해졌다. 큰아들은 아버지에게 다음과 같이 볼멘소리를 한다. "나는 이렇게 여러 해를 두고 아버지를 섬기고 있고 아버지의 명령을 한 번도 어긴 일이 없는데, 내게는 친구들과 함께 즐기라고, 염소 새끼 한 마리도 주신 일이 없습니다. 그런데 창녀들과 어울려서 아버지의 재산을 다 삼켜 버린 이 아들이 오니까, 그를 위해서는 살진 송아지를 잡으셨습니다"(눅 15:29-30).

큰아들의 심술의 대상은 작은아들이 아니다. 그는 지금 아버지에게 화를 내고 있다. 그는 아버지가 지금까지 아버지 옆에서 고생한 자신보다 허랑방탕하게 세월을 보낸 작은아들을 더 사랑하는 이유가 뭐냐고 따지고 있다.

큰아들의 심술은 안타깝다. 그는 아버지에게 불평을 늘어놓으면서 실은 아버지의 사랑을 갈구하고 있기 때문이다. 그는 작은아들을 환영하면서 집에서 들려오는 흥겨운 잔치 소리에 일종의 배신감을 느꼈는지 모른다. 자기가 지금까지 보인 아버지에 대한 충성심이 아버지의 사랑을 보증할 것이라고 생각했던 믿음이 깨진 것이다. 그는 아버지가 야속하다고 생각한 듯하다. 아마도 지금 이 순간, 그를 뒤흔드는 것은 시기심일 것이다. 아버지가 그토록 작은아들을 기다린 것, 작은아들이 돌아온 것을 이렇게 기뻐하는 것, 이 모든 것이 큰아들의 시기심에 불을 지핀 것 같다.

그러나 아버지는 큰아들에게도 그렇게 야박한 사람이 아니었다. "얘야, 너는 늘 나와 함께 있지 않느냐?"(눅 15:31)라는 다정한 말을 심술 가득한 큰아들에게 건넨다. 아버지의 속마음을 알아차리고 나면 아버지가 진짜 불쌍하다는 생각이 든다. 아버지가 큰아들에게 바라는 것은 '아버지와 함께 있다는 것'으로 느끼는 만족감 같기 때문이다. 지금까지 아버지와 함께 보낸 시간, 그로 인해 쌓인 수많은 사랑의 추억, 그것은 돈으로 살 수 없는 것이다. 그것은 작은아들이 결코 맛볼 수 없는 것이다. 아버지와 함께 있는 안전함과 평온함, 아버지의 식탁에서 누렸던 만족감과 풍성함, 이 모든 것을 큰아들은 기억하지 못하는 것일까?

이제 아버지는 그러한 것들로 족하지 못하는 큰아들에게 비장의 맞춤 카드를 꺼낸다. 작은아들에게와 마찬가지로 큰아들에게도 이미 그의 몫을 챙겨 주었음에도, 아버지는 "내가 가진 모든 것은 다 네 것이 아니냐?"(눅 15:31)라며 그를 토닥인다. 아버지의 이 말은 뭔가 아련한 느낌을 준다. "내가 너와 함께 있던 시간으로 너의 마음을 달랠 수 없다면, 이미 네게 준 것 이외에도 나의 모든 것이 네 것이다"라는 아버지의 약속이다. 재산 때문이라면 제발 그렇게 화내지 말라는 당부이기도 할 것이다.

그렇게 큰아들을 붙잡고, 아버지는 자신이 이렇게 기쁜

이유를 간절하게 설명한다. "너의 이 아우는 죽었다가 살아 났고, 내가 잃었다가 되찾았다"(눅 15:32). 다른 이유는 없다. 이 간략한 설명은 '만약 네가 네 아우와 똑같은 상황이라도 나는 너를 위해서 잔치를 열고 기뻐할 것이다'라며 달래 주는 것 같다.

아버지는 아마도 오래전에 큰아들도 잃어버렸던 것 같 다. 함께 있었지만 함께 있는 것으로 즐거워하지 않았던 아 들, 매일 함께 나누는 식탁으로 만족하지 못했던 아들, 그 아 들은 멀리 떠나 죽은 줄 알고 애태웠던 아들과 무슨 큰 차이 가 있을 것인가! 그래서 나는 이 비유에 '잃은 아들들'이라는 이름을 붙인다.

큰아들의 매일이 아버지로 말미암아 감사했다면, 아버 지의 기쁨은 곧 큰아들의 기쁨이 되었을 것이다. 지금 큰아들 의 심술은 그가 아버지와 행복하지 않았다는 것을 반증한다. 아버지의 집은 큰아들에게 편치 않았던 것 같다. 언제나 작은 아들을 기다리는 아버지가 큰아들을 외롭게 만들었다고 큰 아들의 편을 들 수는 없다. 외로웠던 것은 큰아들이 아니라 아버지일 것이기 때문이다.

매일의 식탁에서 작은아들의 빈자리와 큰아들의 불만족 을 견뎌 내야 했던 아버지는 얼마나 쓸쓸했을 것인가! 작은 아들을 찾은 아버지는 이제 다시 큰아들을 찾고자 한다. 그래서 그를 다정하게 달랜다. 그러나 아버지는 다정하기만 한 사람은 아니다. 아버지는 단호하다. 이렇게 심술을 부리고 고집을 피우며 투정을 부리는 아들에게 아버지는 "즐거워하고 기뻐하는 것이 마땅하다"(눅 15:32)고 말하기 때문이다.

작은아들을 위한 잔치에 참여하는 것은 큰아들의 선택 여부에 달려 있지 않다. 그것은 큰아들의 잔치가 아니라 아버지의 잔치이며, 아버지가 벌인 이 잔치에 큰아들은 마땅히 참여해야 한다. 그럼에도 불구하고 큰아들이 아버지의 잔치에 들어갔는지를 알려 주지 않은 채 비유는 끝난다. 아마도 큰아들이 쉽사리 집으로 들어갈 것 같지는 않다. 그의 시기심이 아버지의 애절함을 이긴 것 같다.

큰아들이 작은아들을 기다리는 아버지의 안타까움과 자신을 향한 아버지의 사랑을 충분히 느꼈더라면 좋았을 것이다. 식탁에 함께 둘러앉은 기쁨을 소중히 여겼더라면 좋았을 것이다. 식탁에 함께 있어도 마음이 닿지 않는 경우는 비일비재하다. 음식이 맛을 잃고 즐거움이 멈추는 시간이다.

아버지는 오랫동안 그 쓸쓸한 시간들을 견뎌 냈다. 그러나 이제는 잔치의 시간이다. 두 아들의 얼굴을 모두 볼 수 있으니 말이다. 진수성찬이 준비되고 많은 사람이 함께하는 흥겨운 시간이다. 그러나 꼭 있었으면 하는 사람의 자리가 비어 있는 잔치는 얼마나 쓸쓸한가! 수많은 사람 중에 반드시 있어야 할 그 사람, 그 사람이 함께해야 식탁은 빛이 나며 아버지의 사라진 웃음은 돌아올 것이다. 그 잔치에서 진정한 평화를 느낀다면 시기심은 사라지고 위로는 넘칠 것이다. 누군가의 식탁에 있는 쓸쓸한 빈자리가 내 자리라면, 돌아가 그 자리를 웃음으로 채울 일이다.

슬픔

식탁은 함께함을 통해
모두를 하나님의 생명 보자기 안으로
묶어 주는 곳이다.

비유 속 큰아들처럼 뒤에서 구시렁대는 정도가 아니라, 아예 대놓고 다른 사람의 밥사발을 뒤엎는 사람도 있다. 심술 궂기로 정평이 나 있던 나발이라는 사람이다. 사무엘이 죽은 뒤에 다윗은 바란 광야로 내려갔다. 다윗은 사울로 인하여 고단하고 지친 삶을 이어 갔다. 거기에 다윗의 어깨는 점점 더 무거워지고 있었다. 다윗을 따르겠다고 아무것도 없는 그에게 모여든 사람들이 6백여 명에 이르렀기 때문이다. 도망자로서 여기저기 떠돌아야 하는 다윗은 자신의 몸 하나 추스르기도 어려운 형편이었지만, 자기를 위해서 목숨을 바치는 사람들도 챙겨야 했다.

그런 다윗이 바란 광야에서 거친 삶을 살고 있을 때, 마온이라는 곳에 나발이라는 부자가 살고 있었다. 그는 갈멜에 목장을 가지고 있었는데 양 떼가 3천 마리, 염소 떼가 1천 마리 정도가 되었으니, 그 부의 규모는 어마어마하다고 할 수 있다. 그런데 나발은 고집이 세고 행실이 포악하다고 소문이 난 사람이었다. 반면에 그에게는 아비가일이라는 지혜로운 부인이 있었다. 그녀는 남편과는 전혀 다른 사람이었다.

마침 양털 깎는 때여서 그들은 갈멜에 머물고 있었다. 양털 깎는 날은 잔칫날이었다. 모든 사람이 함께 손을 보태며 일과 식탁이 어우러졌다. 광야에서 고생하던 다윗이 이 소식을 들었다. 그 잔치의 소문은 그들에게는 가뭄에 단비 같은 희소식이었다. 양털 깎는 곳에는 언제나 넉넉한 밥이 있을 것이니 말이다.

더군다나 나발의 양들이라면, 자기들에게도 약간의 지분이 있다고 다윗은 생각했다. 종들이 양을 칠 때에, 근처의 불량배들이나 광야를 떠도는 사람들이 양들을 약탈하거나 종들을 위협하는 일들이 종종 일어났다. 나발의 종들이 어려움을 겪고 있을 때 다윗의 휘하에 있는 사람들이 그들을 도와주었고, 다윗의 사람들은 아무리 어렵더라도 나발의 양들을 탐한 적이 없었다.

그러니 나발의 양들의 털을 깎는 잔치가 벌어졌을 때, 다윗의 사람들이 잔치에서 넘쳐 나는 음식을 조금 나누어 달라고 하는 것은 그렇게 무례한 일은 아니었을 것이다. 아마도 필요하다면 언제든지 손을 보탤 수도 있다고 생각했을 것이다.

그러나 이런 꿈은 나발을 만나면서 깨졌다. 다윗이 보낸 젊은이들이 다윗이 시킨 대로 매우 정중하게 나발에게 저간의 사정을 말하며 음식을 청했지만, 고약한 심성의 나발은 일언지하에 거절했다. 나발은 단지 음식 나누는 것을 거절했을 뿐만 아니라 다윗을 심하게 모욕했다. "도대체 다윗이란 자가 누구며, 이새의 아들이 누구냐? 요즈음은 종들이 모두 저마다 주인에게서 뛰쳐나가는 세상이 되었다. 그런데 내가 어찌, 빵[떡]이나 물이나, 양털 깎는 일꾼들에게 주려고 잡은 짐승의 고기를 가져다가, 어디서 왔는지도 모르는 자들에게 주겠느냐?"(삼상 25:10-11) 다윗에게 이보다 더한 모욕은 없었을 것이며, 다윗의 젊은이들이 그렇게 다윗을 욕보이는 나발을 참는 것은 어려웠을 것이다.

그들은 그렇게 돌아갔지만 나발의 종들은 나발이 다윗의 젊은이들에게 한 짓이 분명히 화를 일으킬 것을 눈치챘다. 다윗은 그들의 잔치에 환대받을 만한 사람이었기 때문이다. 종들은 다윗의 사람들에게 받았던 그간의 도움과 나발이 다윗의 젊은이들을 쪽박까지 깨고 쫓아낸 일을 아비가일에게 전했다. 필시 피바람을 불러오고야 말 일이 생겼다는 사실을 말이다. 아비가일은 사태의 심각함을 눈치챘고, 급하게 음식을 준비시키고 종들을 다윗에게로 보낸 뒤 자신도 뒤따라 길을 나섰다.

종들의 예상은 빗나가지 않았다. 다윗의 젊은이들은 다윗에게 돌아가 나발의 말을 그대로 전했다. 다윗은 분노했고 나발의 집을 멸하기 위해서 4백여 명의 사람을 이끌고 곧바로 향했다. 다윗뿐 아니라 다윗과 함께한 모든 사람의 분이 하늘을 찔렀다.

다윗을 따르겠다고 광야로 몰려들었던 사람들이 누군가? 그들은 환난당한 자들이며 빚진 자들이고 마음이 원통한 자들이었다. 그들은 억울한 세상에서 더 이상 기댈 곳이 없었

던 사람들이었고, 아무 이유 없이 사울의 시기를 받는 다윗만
이 그들에게 새로운 세상을 가져올 수 있으리라 기대한 사람
들이었다. 그들은 고통뿐인 세상을 떠나서, 다윗과 함께하기
로 결단한 사람들이었다. 그들의 세상을 고통스럽게 한 사람
들은 바로 나발같이 돈과 힘을 가진 사람들이었다. 그런데 그
나발이 떡 몇 덩이 때문에 다윗에게 그런 모욕을 가했다면 그
것은 참을 수 없는 일이었을 것이다.

다윗과 그를 따르는 모든 사람이 그렇게 분기가 탱천하
여 나발의 집으로 향하고 있던 그때, 음식을 준비해 다윗에게
로 가고 있던 아비가일 일행과 마주쳤다. 아비가일은 다윗을
보자마자 타고 가던 나귀에서 내려 엎드렸다. 그리고 자신이
할 수 있는 한, 다윗의 분노를 가라앉힐 수 있는 모든 수단을
동원했다. 준비한 음식을 권하며 나발 같은 하찮은 인물에게
는 힘을 쏟을 필요가 없다고 다윗에게 간청했다. 결국 다윗은
아비가일의 간청에 자신의 분노를 가라앉혔다.

○

무엇이 다윗의 마음을 바꾸었을까? 아비가일의 애원은
지금까지 다윗을 지킨 것이 누구인지를 상기시키는 것이었

다. 지금까지 다윗이 수많은 고난의 길을 견뎠던 것이 그깟 나발 같은 사람의 떡 덩어리 때문이었겠는가? 산해진미를 먹은들, 그것이 우리의 생명을 지켰을 것인가? 그렇지 않다. 우리의 생명은 단지 음식에 있지 않다. 우리의 생명을 지키신 이는 하나님이시다.

다윗은 당장의 모욕에 나발뿐 아니라 나발 집안의 모든 남자를 죽이겠다고 나섰지만, 그렇게 자신의 힘을 보인다고 문제가 해결되는 것은 아니다. 그저 무고한 사람들의 피만 손에 묻힐 뿐이다. 그러므로 아비가일은 다윗이 분노를 멈추고 그가 자신의 삶을 돌아보게 한다. 아비가일의 이야기는 "그러므로 어느 누가 일어나서 장군님을 죽이려고 쫓아다니는 일이 있더라도, 장군님의 생명은 장군께서 섬기시는 주 하나님이 생명 보자기에 싸서 보존하실 것이지만, 장군님을 거역하는 원수들의 생명은, 주께서 돌팔매로 던지듯이 팽개쳐 버리실 것입니다"(삼상 25:29)라는 말에서 절정을 이룬다.

사울의 궁을 빠져나온 뒤 다윗의 삶을 보라! 얼마나 힘겨운 고난의 연속이었는가! 그러나 그 모든 것에서 살아남을 수 있었던 것은 하나님이 다윗을 지켜 주셨기 때문이다. 하나님이 다윗의 생명을 생명 보자기에 싸서 보존하실 것이라는 아름다운 표현은 하나님과 다윗이 한 묶음으로 묶여 있다는 말이다. 마치 1+1처럼 말이다. 그렇게 하나님은 자신과 다윗을 하나로 묶어서 지금까지 그의 생명을 보존하셨을 뿐 아니라 앞으로도 그러하실 것이다.

그러므로 지금은 도망자 신세가 되어 이렇게 처량하게 지낸다고 하더라도, 결국 다윗은 이스라엘의 왕이 될 것이다. 그러니 하나님의 생명 보자기 안에서 명예롭게 그 생명을 지킬 수 있는 길을 택하라는 것이 아비가일의 조언이다.

더군다나 다윗은 하나님의 생명 보자기 안에 있다는 것이 무엇인지를 이미 경험으로 알고 있는 사람이 아니던가! 하나님이 다윗과 자신을 하나로 묶으실 때, 다윗을 거역하는 원수들을 돌팔매를 던져 팽개치신 일은 다윗의 기억에도 선명하게 남아 있었을 것이기 때문이다. 골리앗과의 싸움에서 다윗을 살린 것은 그깟 물매 돌이 아니었다. 하나님이 다윗을 생명 보자기 안에 가두어 두시고 그의 원수를 날려 보내셨기 때문이다.

다윗이 언제 자기 힘으로 생명을 보존했는가! 다윗이 지금까지 올 수 있었고 앞으로 이스라엘의 왕이 될 수 있는 것은 하나님의 생명 보자기 덕분이다. 물매 돌도, 나발의 떡도 아니다. 아비가일은 다윗이 무엇으로 살아야 하는지를 상기시켜 주었다.

어차피 나발이 잔치를 벌이지 않았더라면, 그냥저냥 또 하루 먹으며 지내지 않았겠는가! 하나님이 궁핍한 상황 속에서 충분치 않더라도 또 그렇게 하루가 지날 수 있게 지켜 주시지 않았겠는가! 그렇게 힘든 삶 속에서도 그들이 나발의 양 떼를 약탈하지 않은 것은 그렇게 하지 않아도 하나님이 그들을 지켜 주실 것이라는 하루하루의 믿음 때문이 아니었겠는가! 하루하루의 고달픔과 비천함은 종종 하나님을 잊게 하며, 혹은 의심하게도 만들지만, 다윗은 그의 사람들과 함께 하나님을 부여잡고 고난을 건너고 있지 않았는가!

그러나 나발로부터 받은 모욕은 그동안 참아 왔던 설움을 자극하며, 나발의 집을 부숴 버려야겠다는 분노로 폭발했다. 분노는 믿음으로 지켜 왔던 것들을 흔들며, 급기야 그렇게 의지했던 하나님조차 잊게 한다. 당장 눈에 보이는 그것만이 전부인 것처럼 말이다. 그러나 아비가일은 그렇게 나발을 향해서 폭주하던 분노를 멈추게 한다. 하나님의 생명 보자기를 기억하게 하면서 말이다.

다윗은 아비가일의 지혜를 칭찬하며, 자신이 행할 뻔했던 무모한 일을 막아 준 그녀에게 감사한다. 덕분에 아비가일의 집에 평화가 있게 되었다. 다윗은 돌아갔고, 아비가일이 일을 마치고 집에 돌아오니 나발은 혼자서 잔치를 벌이고 있었다. 아마도 그 집의 모든 사람은 두려움에 떨고 있었을 텐데 말이다.

나발의 마지막 식탁은 흥겨웠을까? 혼자서 먹고 마시는

식탁이 얼마나 외로운지 나발도 알았을까? 다른 사람들의 쪽박까지 깨고서야 자신의 행복을 확인할 수 있는 사람은 참으로 불행하다. 다른 사람들의 고통은 돌아보지 않은 채 산해진미로 배부른 사람은 참으로 불쌍하다. 그렇게 혼자만 흥겨웠던 마지막 식탁 이후, 그는 더 이상 먹고 취할 수 없게 되었다.

식탁은 함께 나누는 곳이다. 그리고 그 함께함을 통해서 모두를 하나님의 생명 보자기 안으로 묶어 주는 곳이다. 그러므로 식탁에서 생명이 사라질 때, 그 식탁은 의미를 잃는다. 누군가의 생명을 빼앗은 식탁은 슬픔이다. 거기에는 죽음만이 있다.

그러나 누군가에게 식탁을 빼앗겼다면, 그때라도 너무 분노할 필요는 없다. 그때는 꿋꿋하게 여전히 하나님의 생명 보자기 안에 있다는 것을 기억하면 된다. 하나님의 생명 보자기 안에는 언제나 소박하지만 정성스러운 식탁이 있다는 것을 의심하지 않으면 된다. 지금까지 우리를 지킨 것은 누군가의 식탁 자체가 아니라, 식탁의 하나님이시라는 사실을 기억하면 된다.

환대

예수의 모든 식탁은
단순히 배를 불리는 곳이 아니라
구원을 경험하는 표적이다.

예수가 세상에 온 이야기는 네 복음서에서 모두 조금씩 차이가 있다. 마가복음에는 예수의 탄생 이야기가 나오지 않는다. 예수는 광야에서 회개를 외치던 요한이 잡혀가자 곧바로 나타나 복음을 전하기 시작한다. 이와는 사뭇 다르게, 요한복음은 예수의 이야기를 이 세상이 아니라 태초의 어느 순간으로부터 시작한다. 인간이 한 번도 경험한 적이 없는 시간과 공간으로 우리를 데려가서 예수가 거기에 있었다고 말한다. 그리고 하나님과 함께 있던 말씀이며 빛인 예수가 이 세상에 온 사건은 '말씀이 육신이 되었다'로 정리된다.

말씀이 육신이 되어 이 땅에 온 순간에 대해서는 마태복음과 누가복음이 전해 준다. 유대적인 배경을 강조하는 마태복음은 예수의 족보와 유대 전승 속에서, 헤롯으로부터 목숨을 위협당하는 예수 이야기를 전개한다. 탄생에서부터 예수가 목숨의 위태로움을 감내해야 했다는 것은 누가복음도 마찬가지다. 그러나 마태복음은 그 위험이 왕의 칼날로부터였다면, 누가복음은 태어나 누일 한 평 공간도 없는 비참한 현실로부터였다. 우리가 잘 아는 구유에서 태어난 예수의 이야기다.

예수의 탄생이라는 단일한 사건에 대해서 복음서마다 이렇게 서로 다른 이야기를 하는 것에 놀랄 필요는 없다. 그것은 예수를 소개하는 방식의 차이에서 기인하기 때문이다.

각각의 복음서는 일정한 이야기들의 흐름과 상황 속에서 예수의 복음을 전한다. 각각의 복음서가 복음을 이해하는 정도와 필요로 하는 상황이 다르기 때문이다. 그러므로 같은 이야기라도 복음서들에 따라서 강조점이 달라지기도 하고 순서가 바뀌기도 한다. 혹은 어떤 이야기들은 생략되기도 한다.

예수의 탄생에 대해서도 네 복음서는 서로 다른 이야기들을 하고 있지만, 이것은 예수에 대한 혼란이 아니라 다양성으로 우리를 이끈다. 네 복음서를 읽는 것은 어느 것이 맞는지를 찾는 것이 아니라, 그것이 무엇을 의미하는지를 알아 가는 여정이기 때문이다. 그 여정에서 다양성은 여러 사람의 눈으로 본 예수의 복합적 의미들의 단편들을 보여 준다. 이 단편들은 우리가 예수의 한쪽 측면에 매몰되지 않고, 더욱 넓은 의미에서 예수를 경험하게 한다.

○

아마도 마가복음은 예수의 탄생을 굳이 이야기할 필요를 느끼지 않았던 것 같다. 마가복음은 본격적인 예수의 복음 전파 사역만으로도 하나님의 아들인 예수를 소개하는 데 부족함을 느끼지 않는다. 요한복음은 예수의 탄생을 말하기 전에 예수의 근원을 드러내며, 그것으로 충분하다고 생각한다. 예수가 이 세상에 왔다는 것, 그 예수의 근원은 하늘이라는 것, 그것이면 된다고 말이다. 마태복음은 예수가 유대인들이 기다리던 그 왕이며, 또한 그것을 넘어 유대인과 이방인 모두의 왕이라는 것을 크게 외치고 싶었던 것 같다.

그리고 누가복음은 호적 신고를 위하여 베들레헴으로 향하는 마리아와 요셉의 이야기를 전한다. 마리아는 예수를 잉태했지만, 단지 고향이라는 이유로 찾은 낯선 곳에서는 아이를 낳을 수 있는 변변한 공간을 얻을 수 없었다. 고향이라 하더라도, 그들은 그곳을 지나칠 떠돌이에 불과했다.

여관에는 그들이 머물 곳이 없었고, 마리아는 아이를 강보로 싸서 간신히 구유에 뉠 수 있었다. 여기서 '구유'로 번역된 것은 구체적으로는 '여물통', 조금 넓은 의미로는 '가축을 위해서 구획해 놓은 공간'을 의미한다. 통칭 '구유'란 가축들이 머물며 여물을 먹는 곳이라는 의미다. 그곳은 사람이 머물 수 있는 곳은 아니다.

그러나 예수가 이렇게 구유에 뉘어 있을 때 천사들은 들에서 양을 치던 목자들에게 "오늘 다윗의 동네에서 너희에게 구주가 나셨으니, 그는 곧 그리스도 주님이시다. 너희는 갓난 아기가 포대기에 싸여, 구유에 뉘어 있는 것을 볼 터인데, 이것이 너희에게 주는 표적이다"(눅 2:11-12)라고 말한다. 천사의

117

말은 '구세주가 구유에서 났다'는 상상 불가한 현실을 확고 부동한 구원의 사건으로 기정사실화한다.

여기서 '표적'이라는 말은 매우 재미있는 표현 중 하나다. 표적이라는 말이 그 기능을 발휘하는 곳은 요한복음이다. 요한복음은 예수의 행동에 표적이라는 말을 사용하면서 예수가 한 일의 의미를 드러내고자 한다. 가나의 혼인 잔치에서 예수가 물로 포도주를 만든 것도 표적이며, 병자를 고친 것도 표적이며, 보리떡 다섯 개와 물고기 두 마리로 5천 명을 먹이고 열두 광주리 가득 남긴 것도 표적이다.

그런데 표적이라는 말이 무엇을 의미하는지는 다음과 같은 예수의 말에서 알 수 있다. 오병이어라는 놀라운 표적을 보고 예수를 왕으로 삼겠다고 달려드는 사람들을 잠시 피했다가 다시 나타난 예수는 그들에게 말한다. "너희가 나를 찾아온 것은 표적을 보았기 때문이 아니라, 빵[떡]을 먹고 배가 불렀기 때문이다"(요 6:26). 여기서 예수는 표적과 떡을 먹고 배부른 것을 구분한다.

5천 명을 먹인 사건을 단순히 한 끼 배를 불려 준 기적적 사건으로 이해하고 또다시 배를 불리기 위해서 예수를 왕으로 삼으려고 하는 사람들은, 표적을 보지 못한 사람들이다. 표적을 보지 못했다는 것은 먹었는데 먹지 않은 것이며, 보았는데 보지 않은 것이다. 반면 표적을 보았다는 것은 그 일의 의미를 아는 것이다. 표적은 겉으로 드러난 사건의 기적적 현상이 아니라, 그 현상 뒤로 데려간다. 그것은 그 현상을 일으킨 사람이 누구인지를 꿰뚫어 보게 한다. 그것을 알아채지 못한다면, 그저 한 끼 배부르고 말 것이며, 시간이 지나면 그들은 여전히 허기진 채로 여기저기를 떠돌 것이다. 또다시 누군가를 잡아 왕으로 삼을까, 누가 내 배를 채워 줄까, 하며 말이다.

표적으로서의 오병이어 사건은 예수가 '생명의 떡'이라는 사실을 알게 한다. 표적을 본 사람은 예수가 생명의 떡이며, 예수에게로 오는 사람은 결코 주리지 않을 것이고, 예수를 믿는 사람은 다시는 목마르지 않을 것이라는 사실을 안다.

○

오병이어의 표적과 마찬가지로, 예수의 모든 식탁은 단순히 배를 불리는 곳이 아니라 구원을 경험하는 표적이다. 그 처음에 구유의 표적이 있다. 그러나 요한복음에서와 같은 자세한 설명이 없어서, 종종 구유가 갖는 표적이 간과되기도 한다.

허나 누가복음의 탄생 이야기는 대단히 흥미로운 구원의 표적으로 우리를 이끈다. 가축들의 불결한 밥통으로 말이다. 요한복음의 생명의 떡처럼, 누가복음은 갓 태어난 예수를 여물통에 안착시키며 누군가의 먹이로 온 예수라는 표적을 보여 준다.

베들레헴이라는 낯선 고향, 아무도 환대해 주지 않는 곳, 누구도 그를 위해서 비좁은 옆자리 한구석도 내어 주지 않는 그곳에서, 예수의 표적은 단순히 비참함이 아니라 풍성한 생명의 식탁을 예고한다. 그러므로 그 불결함을 표적으로 보지 못하여 예수가 생명의 식탁을 펼치는 구주라는 것을 알지 못한다면, 그는 결코 예수의 수많은 말과 행동의 의미도 알지 못할 것이다. 구유라는 표적은 구원의 식탁을 상징하기 때문이다.

탄생 이야기의 중요성은 여기에 있다. 각각의 복음서에 나오는 탄생 이야기는 단순히 예수가 태어났다는 사실만을 전하는 것이 아니라, 각각의 복음서에서 보여 주고자 하는 예수의 의미를 드러내는 출발점이다. 그리고 이 서로 다른 의미들은 이리저리 연결되어서 예수의 구원을 드러낸다. 생명의 떡이라는 표적으로 예수를 설명하는 요한복음이나 구유를 상징으로 갖는 누가복음처럼 말이다. 이렇듯 표적은 다양한 이야기들을 엮어 내며 구원의 예수에게로 우리를 데려간다.

예수가 세리와 죄인과 함께 나눈 식탁은 이러한 표적의 연속선상에 있다. 예수가 누군가와 먹는 이야기는 복음서 어디서든 어렵지 않게 찾을 수 있다. 예수는 '먹보'라는 별명을 가졌을 정도로 늘 누군가와 먹으며 다녔다. 먹지도 않고 마시지도 않으며 금식했던 세례 요한과 비교하면, 예수의 상징을 '먹기'라고 말하는 것은 과하지 않다. 예수는 함께 먹으면서 그것으로 복음을 전했으니, 예수의 행태에 '식탁 교제'라는 말을 붙이는 것도 어색하지 않다.

그런데 그의 식탁은 유별났다. 그는 죄인들과 밥을 먹었으며, 밥을 먹을 때 지켜야 하는 정결법 따위에는 관심도 없었다. 이 때문에 예수의 식탁은 늘 바리새인들의 도마에 올라야 했다. 그의 식탁은 더러웠기 때문이다. 예수의 능력을 탐하며 그를 환대했던 사람들처럼, 예수가 만나는 사람들의 더러움에 몸서리쳤던 사람들도 예수의 표적을 놓치기는 마찬가지였다.

그러므로 그들은 예수가 태초에 하나님과 함께 있었다는 것도, 놀라운 별의 깜빡거림으로 그가 이 세상에 오는 길이 밝혀졌다는 것도, 예수가 구유에 누워 있는 표적이 가장 높은 곳에서는 하나님께 영광이요, 땅에서는 주께서 기뻐하시는 사람들에게 평화라는 것도 놓치고 말았다. 그들은 예수를 보았지만, 아무것도 몰랐다. 그가 왜 요한의 잡힘에도 두려워하지 않고 세상에 나와 "때가 찼다. 하나님의 나라가 가까이 왔다. 회개하여라. 복음을 믿어라"(막 1:15)와 같은 위험천만한 말을 했는지도 말이다.

표적을 볼 수 없었던 사람들은 예수를 죽음에 이르게 했고, 그것을 기쁨으로 삼았다. 표적을 보았던 사람들은 예수의 죽음에도 예수를 따르기를 포기하지 않았다. 그들에게도 예수의 죽음과 동일한 고난이 있을 것이 분명했음에도 말이다. 그 고난의 길에서, 그들은 예수의 삶을 살려고 애썼을 것이다. 예수처럼 복음을 전하면서 말이다. 그렇게 그들은 구원의 표적을 자신들의 삶으로 끌어왔을 것이다. 예수처럼 떠돌면서, 예수처럼 식탁을 나누면서 말이다.

잔치

하나님이 함께하시는 잔치는
세상에서 누리지 못한 안식을
경험하는 것이다.

먹는 것을 구원의 표적으로 사용하는 것은 비단 신약 성경만은 아니다. 구약 성경에서도 먹는 것은 구원의 상징이다. 구약 성경은 족장 시대를 거쳐 이루어진 이스라엘이라는 공동체가 하나님의 백성으로 살아가는 과정을 이야기한다. 아브라함의 하나님, 이삭의 하나님, 야곱의 하나님은 각각의 족장과 연결되어 있다. 그리고 요셉 때에 이집트로 이주한 이 족장들의 후손들은 오랜 기간 이집트의 폭정 아래 고난을 겪었다.

출애굽기는 모세가 고통받는 사람들을 이끌고 이집트를 나오는 이야기다. 그러나 출애굽기는 단지 물리적인 공간에서의 탈출이 아니라, 바로의 백성에서 하나님의 백성으로 거듭나는 과정을 보여 준다. 그것이 진정한 해방과 자유이기 때문이다.

홍해를 건너고 나서 사람들은 곧 홍해를 건널 때의 기쁨과 감사를 잊어버렸다. 석 달이 채 못 되어서 그들은 불평을 늘어놓았다. "차라리, 우리가 이집트 땅, 거기 고기 가마 곁에 앉아 배불리 음식을 먹던 그때에, 누가 우리를 주의 손에 넘겨주어서 죽게 했더라면 더 좋을 뻔하였다. 그런데 너희들은 지금, 우리를 이 광야로 끌고 나와서, 이 모든 회중을 다 굶어 죽게 하고 있다"(출 16:3). 광야에서의 고통은 이집트에서의 고통을 한 끼 식사로 상쇄시키며 과거를 호사스럽게 포장했다.

고된 일 때문에 탄식하고 부르짖었던 흑역사는 남의 일이 되었다. 배고픔과 목마름은 사람을 이렇게 만든다. 종살이 시절을 그리워하게 말이다.

광야에서 늘어놓은 그들의 불평을 듣고 있자면, 왜 '먹기'가 구원의 상징인지 알 수 있을 것 같다. 먹을 것이 없는 죽음의 두려움은 어떻게든 살아남는 것만을 욕망하게 하고, 이때 삶의 가치나 태도 등은 사치일 뿐이다. 정처 없는 광야의 삶에서 지푸라기 같은 희망이 되는 것은 아이러니하게도 바로의 부스러기 떡이었다.

출애굽기가 알려 주려는 것은 아마도 이런 것인지도 모른다. 삶이란 언제든지 광야가 될 수 있는데 그때마다 그 알량한 지푸라기를 잡으려고 그렇게 아등바등할 것인가, 라고 말이다. 출애굽기는 우리에게도 언제든지 닥칠 수 있는 광야의 시간을 상기시키며, 광야에서의 그들의 불평이 삶의 의미를 얼마나 갉아먹는지를 보여 준다.

이집트에서의 고난을 당연하게 받아들이는 것, 광야에서의 배고픔에 종살이를 그리워하는 것, 이 모든 것은 삶의 방향을 잃게 한다. 삶은 고난 중에 부르짖을 때, 배고픔 중에서도 그들에게 일어난 은혜를 기억할 때 나아간다. 그까짓 부르짖음 따위가 어떻게 삶을 바꾸겠느냐고 항변하는 사람이 있다면, 당장 먹고살 것이 없는데 은혜가 어디 있냐고 볼멘소리를 하는 사람이 있다면, 돌아볼 일이다. 삶이란 무엇인지 말이다.

그 오랜 고난 중에 마치 사라진 것같이 잠잠하시던 하나님이 나타나셨고 그들의 그 부르짖음에 응답하지 않으셨는가! 광야에서 그들은 매일매일 만나와 메추라기를 먹지 않았는가! 매일 똑같은 음식이라서 신물이 난다 하더라도, 그들은 배고픔과 목마름의 죽음에서 벗어날 수 있었다. 홍해를 건너는 것은 끝이 아니다. 홍해를 건너 당도한 광야 길을 가는 과정이 삶이며, 그 삶에서 진정한 생명의 길을 보여 주는 것은 하나님의 인도하심이다.

○

그리고 그들이 이윽고 도착한 시내 광야에서 하나님과 이스라엘 사이에 언약이 이루어졌다. 하나님의 백성이 되는 길이었다. 하나님은 모세에게 언약을 체결하기 위한 준비를 명령하셨다. 모세가 백성들을 성결하게 준비시키면, 하나님이 셋째 날 시내산으로 내려오셔서 언약이 체결될 것이었다. 그러나 하나님이 시내산으로 내려오시는 그날, 백성들은 산 주위에 정해진 경계를 넘어서는 안 되었다. 백성들은 모세의 말에 순종했고, 모세는 아론과 함께 산에 올라 하나님의 계명을 받았다.

백성들은 우레와 번개와 나팔 소리와 산의 연기를 보았다. 백성들은 멀리 서 있었지만 모세는 하나님이 계신 흑암 가까이 있었고, 십계명이 이스라엘에 주어졌다. 그렇게 십계명과 다른 계명들을 모세에게 전달하신 후에, 하나님은 모세에게 아론과 나답과 아비후와 이스라엘의 장로 70명과 함께 하나님께로 올라와 멀찍이 엎드려서 하나님을 경배하라고 명하셨다.

백성들은 여전히 정해진 경계를 넘어설 수 없었지만, 장로들은 모세와 함께 하나님께 올라가는 것이 허용되었다. 물론 하나님께 다가갈 수 있는 것은 모세뿐이었지만 말이다. 하나님의 지시대로 모세와 함께 올라간 사람들은 하나님을 볼 수 있었다. 우레와 번개와 나팔 소리와 산의 연기로만 볼 수 있었던 하나님을 보니, 그 발 아래에는 청옥을 깔아 놓은 것 같으며, 그 맑기가 하늘과 꼭 같았다. 하나님은 그렇게 자신에게 가까이 온 사람들을 치시지 않았으며, 그들은 하나님을 보면서 먹고 마셨다.

그리고 돌판에 새긴 율법과 계명을 받기 위해서 모세는 장로들과 백성들을 남겨 두고 산으로 올라가 40일 동안 금식했다. 금송아지를 만든 참람한 일은 이 기간에 일어났다. 40

일은 모세를 기다리기에는 긴 시간이었을지 모르겠지만, 남아 있던 아론과 이스라엘의 장로 70명이 하나님을 보며 먹고 마시던 일을 잊어버리기에는 아무리 생각해도 짧은 기간이었을 것 같다. 그러나 그들은 그 엄청난 일을 그렇게도 빨리 잊어버렸다. 그들은 아마 먹고 마시기만 했을 뿐, 그것이 일종의 표적이라는 것은 알지 못했던 것 같다.

오병이어의 표적이 생명의 떡인 예수에게로 이끄는 것처럼, 먹고 마심의 표적은 생명의 주관자이신 하나님에게로 이끌어야 했지만, 그들은 그러지 못했다. 선을 넘는 사람들은 죽어야 했기에, 하나님을 보면서 먹고 마실 수 있었다는 것은 그들의 구원에 대한 표적이었다. 그것은 또한 그들만을 위한 것이 아니라, 산 아래서 그들을 기다리는 모든 사람을 대신한 것이기도 했다.

그러나 백성의 대표자였던 사람들은 그것을 알지 못했다. 아마도 그들은 그저 즐겁고 흐뭇하게 먹고 마셨을 뿐이다. 그러므로 아론은 재빠르게 백성의 요구에 금송아지로 응답했다.

금송아지는 이스라엘을 파국으로 몰아넣었다. 모세는 가져온 돌판을 깨 버렸고 이스라엘의 회복을 위해서 하나님께 목숨을 내놓고 간구해야 했다. 언제나 구원하시는 하나님은 결국 마음을 돌리셨고 새로운 돌판을 위해서 모세를 산으

로 부르셨다. 그러나 이제 상황은 달라졌다. 누구도 모세와
동행할 수 없었다.

○

하나님과 이스라엘 사이에 전격적인 언약이 체결되었
고, 이집트에서 나온 이스라엘은 비로소 하나의 새로운 공동
체가 되었다. 하지만 하나님을 보면서 먹고 마시는 놀라운 구
원의 상징은 그들에게 이상(理想)으로 남았다. 그것은 그들이
꿈꾸어야 하는 것이 되었다.

이 꿈은 구원에 대한 이스라엘의 종말론적 희망으로 이
어졌다. 숱한 고난의 역사를 겪어 내면서, 현실에서 이룰 수
없는 것을 환상에 투영한 묵시문학적 사고는 새로운 역사 인
식을 만들었다. 고통스러운 이 세상이 빨리 끝나고 새로운 세
상이 도래할 것에 대한 희망이다. 그리고 이 희망은 세상에서
겪는 고난에 비례해서 비현실적인 즐거움으로 표현되었다.
이러한 묵시문학적 종말론에서 구원은 하나님 나라의 잔치
로 나타난다. 출애굽기에 나타났던 것처럼, 하나님을 보면서
먹고 마시는 것이다.

하나님이 함께하시는, 혹은 하나님이 주관하시는 잔치

로서의 구원은 하나님이 주시는 평안과 기쁨이 넘쳐 나는 것이며 세상에서 누리지 못한 안식을 경험하는 것이다. 예수는 그것을 이 땅에 가져왔다. 예수가 세리와 죄인과 함께 밥을 먹을 때, 그것은 미래적 소망이 아니라 현재적 구원이 되었다. 예수는 미래적일 뿐 아니라 또한 현재적인 독특한 구원의 잔치를 선물했다. 모든 경계를 허물고 모두를 초대하면서 말이다.

예수의 식탁은 구원의 한가운데서 종말론적 잔치를 보여 주는 맛보기다. 마치 마트의 시식 코너에서처럼 말이다. 대형 마트의 유혹 중 하나는 식품 코너에서 손짓하는 시식이다. 시식의 맛보기에서 일어난 마음의 움직임은 손의 움직임으로 옮아간다. 작은 조각이지만, 그것은 완벽한 맛을 자랑하며 안 사면 못 배기게 만든다. 3분의 1의 만두 조각에 마음을 빼앗긴 사람이라면 한 봉지의 만두를 집어 들 수밖에 없지 않겠는가!

예수의 식탁에서 구원의 맛을 느낀 사람이라면, 기대할 일이다. 종말에 하나님의 식탁은 얼마나 근사할 것인지를 말이다. 그리고 그 상에서 먹고 마시는 즐거움을 위해서 어떻게 살아야 할 것인지를 결단해야 할 것이다. 마음에 따라 손을 움직이는 것처럼, 믿음에 따라 삶을 움직여야 한다.

예수가 제자들과 나누는 마지막 만찬도 그렇다. 누가복

음에서 예수는 제자들과의 식사 끝에, "너희로 하여금 내 나라에 있으면서 내 밥상에서 먹고 마시게 하고, 보좌에 앉아서 이스라엘의 열두 지파를 심판하게 하겠다"(눅 22:30)라고 말한다. 이제 예수 없이 홀로 남아서 믿음을 지켜 가야 할 제자들에게 예수가 주는 희망의 메시지는 '예수의 상에서 먹고 마시는 것'과 '이스라엘 열두 지파를 심판하는 것'이다. 어떤 이들은 둘 중에 후자에 더욱 마음을 빼앗길지 모르겠다. 그까짓 먹는 것이 무엇이 그리 대수이겠느냐, 힘을 얻는 것이 최고지, 라고 말이다. 그러나 둘은 같은 의미라고 보면 된다.

예수는 거대한 힘을 가지는 이야기를 하는 것이 아니라, 구원에 대한 이야기를 하고 있다. 그들이 믿음을 지켜 궁극적으로 얻을 구원의 표적은 예수를 보며 먹고 마시는 것이다. 70명의 장로들이 하나님을 보고 먹고 마신 것처럼 말이다. 예수가 함께하는, 혹은 예수가 주관하는 잔치 자리에 있는 즐거움, 그것이 구원이다. 그 기쁨에 이스라엘을 심판하는 권한이 더하여 주어지며, 그 또한 단지 그들이 믿음으로 잘 견뎠다는 징표일 뿐이다. 이미 예수와 함께 있는데 거기에 더하여 필요한 힘이 무엇이겠는가!

구원은 이렇게 우리에게 잔치처럼 다가온다. 하나님이 주신 권한을 갖고 있는 예수와 함께 먹고 마시는 모습으로 말이다. 그 잔치 자리에서 즐거움을 누릴 수 있는 사람이 믿음으로 승리하는 자이며, 그 즐거운 기억과 행복한 희망이 예수와 함께한다는 표적이다.

우물

생수가 넘치는 우리의 식탁은
예수의 그것처럼 포용성도
넘쳐 나야 할 것이다.

예수의 식탁은 모든 사람을 받아들이며 모든 사람에게 생명을 나누어 준다. 예수의 식탁의 특성은 포용성이라 할 수 있다. 그 포용성으로 말미암아 모든 사람은 생명의 하나님을 경험하며, 그 경험으로 말미암아 우리의 식탁도 생명을 나누는 곳이 된다. 식탁을 이야기할 때, '물'은 전면적으로 부각되지는 않지만, 모든 먹거리의 근원으로 식탁의 출발을 책임진다. 물은 식물을 길러 내고 동물을 살리고 우리 몸을 생명으로 채우기 때문이다.

예수는 사마리아 여자를 우물가에서 만난다. 그리고 유대인인 예수는 남사스럽게도 사마리아 여자에게 물을 청한다. 여자가 놀란 것은 당연하다. 당황하는 여자에게 예수는, "네가 만일 하나님의 선물과 또 네게 물 좀 달라 하는 이가 누구인 줄 알았더라면 네가 그에게 구하였을 것이요 그가 생수를 네게 주었으리라"(요 4:10)라고 말한다.

예수는 더러운 땅 사마리아에서, 여자를 위해 소박한 식탁을 준비하려는 것 같다. 목마르지 않을 물이 있는 식탁을 말이다. 예수가 식탁을 차리는 곳은 야곱과 그의 아들들과 짐승들이 마시며 그들에게까지 생명을 이어 준 오래된 야곱의 우물이었다. 사람들이 북적거려야 하는 곳이지만, 지금은 사마리아 여자가 홀로 있는 그곳에서 예수의 식탁은 시작된다.

우물에 얽힌 야곱의 이야기는 구약 성경에서 작은 에피

소드로 등장한다. 라반에게 도망간 야곱이 처음으로 라헬을
만나는 이야기에서다. 그는 라반의 집으로 가는 들에서 아버
지 라반의 양 떼를 치고 있던 라헬을 만났다. 그리고 우물 아
귀를 덮었던 큰 돌을 치우고 라반의 양 떼에게 물을 먹였다.
그렇게 라헬과 통성명을 한 후 야곱은 라헬과 함께 라반의 집
으로 갔다.

　　야곱과 라헬의 첫 만남에 우물이 있다. 그런데 이 우물의
아귀에는 왜 큰 돌이 놓여 있는가? 이 우물은 그곳에서 양 떼
를 몰던 사람들이 함께 쓰는 것이었고, 여럿이 모인 후에 함
께 힘을 합쳐 돌을 치우고 함께 물을 먹는 곳이었기 때문이
다. 혼자 몰래 물을 먹어 치우는 일이 없도록 큰 돌을 올려놓
은 것이었다. 큰 돌을 혼자서 들 수 있을 만큼 힘이 셌던 야곱
은 다른 이들의 필요를 생각할 정도의 포용심은 없었다. 지금
당장 자신의 목적을 이루는 것이 중요했으리라. 자신만을 위
한 야곱의 우물 사용법이 그의 아버지 이삭과는 너무 달라 살
짝 놀랍다.

○

　　어느 때 흉년이 들어서 이삭이 블레셋 왕 아비멜렉에게

의탁할 수밖에 없었던 시절이 있었다. 그곳에서 이삭은 부유하게 되었고 블레셋 사람들의 시기를 받았다. 그들이 이삭을 내쫓는 방법은 간단했다. 이삭의 아버지 아브라함 때에 아브라함의 종들이 판 모든 우물을 막고, 흙으로 메워 버리는 것이었다. 물을 못 먹게 하는 것, 그것은 죽음을 부르는 것이었다. 이삭은 싸우거나 떠나거나, 둘 중의 하나를 선택해야 했다. 이삭은 그를 내쫓는 자들과 다툼을 벌이지 않고 그곳을 떠났다.

그리고 옮겨 간 그랄 골짜기에서 이삭은 자기 아버지 아브라함 때에 팠던 우물들을 다시 팠다. 이 우물들은 아브라함이 죽자 블레셋 사람들이 메워 버린 것들이었다. 이삭의 종들은 우물을 파다가 물이 솟아나는 샘 줄기를 찾아냈다. 그 땅에서 샘이 터지자 그 지방의 목자들은 그 우물이 자신들의 것이라 우겼다. 이삭의 목자들과 그랄 지방의 목자들 사이에 우물을 두고 다투었다고 해서, 이삭은 그 우물을 '에섹'(다툼)이라고 불렀다.

이삭은 우물에 사연 있는 이름을 붙여 주었을 뿐, 더 이상의 싸움을 벌이지 않았다. 그는 그들 모두의 생명과 같은 우물을 말없이 내어 주었다. 어쩌면 무기력하게도 말이다. 이삭의 종들은 다른 우물을 팠고 그 지방의 목자들은 또다시 시비를 걸었다. 이삭은 '반대'라는 의미를 가진 '싯나'라는 이름을 우물에 붙였다.

　우물은 생명의 터인데 애쓰고 찾은 물줄기를 그렇게 허무하게 내어 주다니, 어딘지 답답하다는 생각이 들기도 한다. 그러나 이삭의 행동은 답답하지도, 소극적이지도 않다. 이삭은 어쩌면 삶에서 싸움이나 전쟁보다 더 중요한 것이 있다는 사실을 알고 있었는지 모른다. 블레셋 사람들이 아브라함의 우물에 한 짓과 이삭의 행동을 비교하면 더욱 그렇다.

　블레셋 사람들은 아브라함이 죽자 아브라함의 우물을 메워 버렸다. 아브라함만 죽었을 뿐, 그와 함께 있던 사람들은 계속해서 살아가야 한다는 것은 분명하다. 그들에게도 우물은 필요하다. 그러나 블레셋 사람들은 살아 있는 사람들의 삶을 끊어 냈다. 칼이 아니더라도, 우물만 봉쇄해도 가능했다. 그들의 식탁이 마를 것이기 때문이다. 이삭을 내쫓을 때도 마찬가지였다. 그들은 아브라함 때에 아브라함의 종들이 판 모든 우물을 막고, 흙으로 메워 버렸다.

　그러나 이삭은 어떠한가? 그는 자신의 종들이 판 우물을 굳이 막지 않았다. 자신들의 수고로 찾고 만든 우물을 고스란히 블레셋 사람들에게 내놓았다. 자신의 적에게 말이다. 이삭은 그렇게 자신의 것을 빼앗는 사람들의 삶을 해치지 않았다. 그리고 자신은 다시 샘을 찾고 우물을 만드는 수고를 마다하지 않았다. 그는 도대체 무슨 생각을 했을까?

이삭의 방법은 다른 이들의 삶을 끊지 않으면서 자신의 삶을 이어 가는 것이었다. 우물을 빼앗긴 이삭의 손해가 블레셋 사람들의 삶을 이어 가게 했다면, 그것으로 족하다. 우물에 이름 하나 붙여 주어 상황을 설명하는 것이면, 이삭에게는 충분하다. 그는 다른 사람들의 삶을 해칠 생각이 없었던 것 같다. 그렇게 자초한 고생으로 이삭과 그의 적들의 식탁은 마르지 않았다.

이삭은 거처를 옮겼고, 다시 우물을 팠다. 그러나 이제 아무도 시비를 걸지 않았다. 결국 이삭은 우물로 인해서 시비가 붙지 않을 곳, 자신의 우물이 다른 사람의 삶을 빼앗지 않아도 되는 곳에 자리를 잡았다. 그는 이제 "여기에서 우리가 번성하게 되었다"(창 26:22)며 좋아했다. 다툼과 시비 없이 모두가 누릴 수 있는 삶의 평안에 이른 것이다. 여러 번 자신의 우물을 다른 이들에게 넘겨주면서 얻은 평화였다.

이삭은 그 우물을 '넓은 곳'을 의미하는 '르호봇'이라 불렀다. 이삭이 당도한 곳이 얼마나 넓은 곳이었는지 모르겠다. 그러나 이삭의 이 고백은 장소의 크고 작음을 의미하지는 않을 것이다. 다른 이들과의 다툼 없이, 모든 사람이 각자 자신의 자리에서 온전히 자신의 것을 누릴 수 있는 곳, 그곳을 이삭은 '르호봇'이라고 불렀다.

그러나 이삭은 그곳도 떠났고, 다시 우물을 파며 새로운 장소에 거주를 시작했다. 그때 그랄에서 아비멜렉이 왔다. 그는 하나님이 이삭과 함께하신다는 것을 알고 그와 다시 다툼이 일어나지 않기를 바라며, 평화조약을 체결하자고 했다. 아비멜렉은 조상의 우물을 빼앗고 자신을 내쫓은 사람이지만, 이삭은 그를 융숭하게 환대하며 평화조약을 맺었다.

그리고 그날, 이삭의 종들은 자신들이 판 우물에서 물이 터져 나왔다는 고마운 소식을 전했다. 이삭은 그 우물에 '맹세'를 의미하는 '세바'라는 이름을 붙였다. 그리고 그 우물이 있는 성읍은 '맹세의 우물'을 의미하는 '브엘세바'라고 불렸다. 평화조약을 맺은 날, 서로 다툼 없이 살자고 맹세한 날, 생수가 넘쳐 났다. 생수가 넘쳐 났으니 그들의 식탁도 풍성할 것이다.

○

이렇게 우물을 평화의 도구로 사용한 이삭을 생각한다면, 센 힘으로 자신만을 위해 우물 아귀의 큰 돌을 거뜬히 들어 올린 야곱의 모습이 곱지 않다. 그러나 사람은 갑자기 이상해지지는 않는다. 야곱의 곱지 않은 모습은 더 거슬러 올라가면 에서와 나누었던 붉은 죽에도 묻어 있다. 어쩌면 그는 그렇게 일관된다.

어느 날, 야곱이 붉은 죽을 끓이고 있을 때 허기진 에서가 집으로 돌아왔고 야곱의 죽을 먹고자 했다. 야곱은 에서에게 죽과 장자권을 바꾸자고 제안했다. 당장의 배고픔과 먼 훗날의 장자권 사이에서, 에서는 주저 없이 붉은 죽을 택했다. 배고픈 형에게 죽 한 그릇을 내어 줄 수 없었던 야곱의 야박함과 그것을 흥정의 대상으로 변질시킨 야곱의 교묘함이 곱게 보이지 않는다.

어떤 이들은 눈앞의 유혹을 견디지 못한 에서의 짧은 생각을 탓하기도 한다. 그러나 애초에 배고픔과 장자권을 흥정할 수 있었던 것은 누군가의 배고픔을 돌볼 마음이 없는 야곱의 모습을 드러내는 것이 아닌가! 야곱이 다른 이들을 기다리지 않고 모두 함께 먹어야 할 우물의 돌을 옮긴 것은 아마도 붉은 죽의 흥정과 무관하지 않을지 모른다. 이번에는 장자권이 아니라 라헬의 환심과 라반의 인정을 위해서 말이다.

이삭의 우물에는 있고 야곱의 우물에 없는 것은 포용과 넉넉함이다. 야곱의 붉은 죽에도 그것은 없다. 다만 에서의 눈물과 분노만이 있을 뿐이다. 태생적으로 형의 분노를 배태한 축복으로 시작된 삶은 어떤 식탁을 만들어 낼 것인지 궁금해진다. 그렇게 장자권을 탐하지 않았어도, 야곱의 축복은 충분하지 않았을까? 다른 사람의 허기를 담보로 해서 얻은 축복, 모두 함께 나누어 먹어야 하는 것을 독식해서 이룬 목적, 그것은 어떤 풍성한 식탁의 그늘이다.

후에 온 땅에 기근이 들어 백성들이 굶어 죽을 때 야곱의 모든 가족은 요셉의 도움으로 이집트로 이주했다. 풍요로운 식탁을 좇아서였다. 이집트로 이주해서 바로를 만난 야곱은 자신을 다음과 같이 소개한다. "이 세상을 떠돌아다닌 햇수가 백 년 하고도 삼십 년입니다. 저의 조상들이 세상을 떠돌던 햇수에 비하면, 제가 누린 햇수는 얼마 되지 않지만, 험악한 세월을 보냈습니다"(창 47:9). 그렇게 축복을 받고자 했고 또한 그 축복을 누리기도 했지만, 그가 자신의 삶을 정리한 한 줄은 '험악한 세월'이다. 험악한 세월이 험악한 식탁은 아니었기를 바라며, 우리의 삶을 평안하게 하는 식탁은 어떤 모습일지 생각해 본다.

다시, 한낮에 홀로 야곱의 우물에 있는 사마리아 여자에게 돌아가 보자. 그녀는 공동체에서 배제된 모양이다. 그들의 조상으로부터 물려받은 이 우물은 야곱이 라반의 양 떼를 먹였던 그 우물과는 상관이 없다. 그러나 공동의 우물을 공동체와 함께 사용하지 못하는 야곱의 조급함과 사마리아 여자의 쓸쓸함은 어딘가 닮아 있다. 우물은 누군가가 누군가를 뱉어내는 곳인 것 같아서 말이다. 그 우물의 모습과 식탁의 모습이 다르지는 않을 것이다.

그 우물에서 여자는 예수가 야곱보다 더 큰 자인지를 묻는다. 물론이다. 예수는 야곱보다 큰 자이며 예수의 생수는 야곱의 우물보다 풍성하다. 예수의 생수는 누군가의 이기심과 누군가의 배제를 넘어서 모두가 함께 누릴 수 있는 것이다. 그 생수로 말미암아 우리의 배에서 생수의 강이 흘러넘친다면, 생수가 넘치는 우리의 식탁은 예수의 그것처럼 포용성도 넘쳐 나야 할 것이다. 적어도 이삭의 우물 정도로라도 말이다.

존엄

교회는 모든 사람이 인간으로서
최소한의 존엄을 누릴 수 있게 하는, 잃어버린
인간의 모습을 찾을 수 있는 곳이었다.

밥은 우리의 삶에 어떤 의미를 가질까? 먹고산다는 것은 무엇일까? 절망의 시간을 다룬 콘스탄틴 게오르기우(Constantin Gheorghiu)의 소설 《25시》의 주인공은 요한이다. 이 책은 제2차 세계대전이 발발하고 유대인으로 몰려 수용소에 가게 된 주인공의 파란만장한 삶과 잔혹했던 그 시절의 유럽 문명을 다룬다.

이 소설 중의 한 부분에, 수용소에서 제공되는 한 그릇의 허접한 식사를 최선을 다해 정성껏 먹는 주인공의 모습이 소개된다. 거룩한 의식을 치르는 듯한 주인공의 엄숙한 식사 장면은, 내게는 충격이었다. 한 끼를 먹는다는 것의 소중함과 처절함을 이처럼 그려 낼 수 있을까, 놀랐던 것 같다. 그가 앞에 두고 있는 것이 대단한 식탁이 아니라, 형편없는 수프 한 그릇에 불과했기 때문에 더욱 그랬다.

사람을 아무렇지 않게 고문하기도 하고 팔기도 하며 죽이기도 하는 상황, 그 속에서 언제든지 희생될 수 있는 사람. 그 사람이 가장 최후까지 잃지 않은 인간의 존엄성은 그의 누추한 식탁을 빛냈다. 먹는다는 것은 이런 것이로구나, 라는 생각을 했다. 가혹하고 무자비한 현실 속에서, 생명을 유지한다는 것의 준엄함과 고귀함을 깨달은 순간이었다.

그리고 나이가 들어 아등바등 세상을 살다 보니, 소설 속의 그 품위를 지키기가 얼마나 어려운지, 누군가가 그 존엄을 잃지 않도록 하는 것은 또한 얼마나 힘든지를 알게 되었다. 먹고사는 일의 절실함과 고귀함을 병행하기 어려운 만큼, 누군가에게는 남아도는 것들이 또 다른 사람들에게는 쥐어짜도 나오지 않는 것이 되었다. 누군가는 여전히 배고픔을 채우기 위해서 담보를 걸어야 하고, 누군가의 식탁에서 일어난 흥정으로 먹거리를 잃는 구차함을 겪어야 한다. 야곱의 붉은 죽은 그렇게 변주되어, 우리의 삶에 수많은 우여곡절을 만든다.

예수 당시에도 마찬가지였다. 특히 1세기 팔레스타인 지역에서 가난이나 배고픔은 일종의 풍토병과 같았다. 모든 사람이 가난한 것은 물론 아니었지만, 대부분의 사람들은 하루 벌어 하루 살기도 힘든 세상이었다. 유대인들은 차라리 자유를 포기하고 남의 집 종살이를 택하기도 했다. 장자권보다 붉은 죽을 택한 에서처럼, 아마도 딱히 쓸데없는 자유보다는 식구들 입에 밥 넣어 줄 주인이 필요했을 것이다. 그런 시절 예수는 사람들이 상상으로만 그려 봤던, 그러나 그것이 어떨 것인지는 상상할 수 없었던 하나님 나라를 선포했다.

그러나 예수는 짧은 시간 그렇게 돌풍을 일으키는가 싶더니, 달콤한 희망만을 남겨 놓고 사라졌다. 예수가 세상에 있지 않았지만, 예수를 믿던 사람들이 모두 흩어지지 않은 것은 놀라운 일이었다. 어느 사이에 사람들이 모여들었고, 그들은 예수를 기억하며 예수가 가르친 것들을 실천하고 있었다.

이렇게 모인 사람들을 '교회'라고 불렀다.

'교회'라는 그리스어는 '~에서 불러 모으다'라는 말에서 유래한 것으로, 부름을 받은 사람들의 모임을 의미한다. 교회는 건물이 아니다. 교회는 세상으로부터 하나님 나라로 부름을 받은 사람들이다. 하나님 나라는 공간적인 의미를 가지고 있기도 하지만, 먼저는 하나님의 통치와 지배를 의미한다. 그러므로 교회란 세상의 통치로부터 하나님의 통치로 옮겨 온 사람들이다.

교회의 이러한 의미는 교회가 어떤 성격의 모임이 될 것인지를 분명하게 보여 준다. 하나님 나라로 불려 들어온 사람들이 모였다면, 그들 사이에는 하나님의 질서가 드러날 것이기 때문이다. 그들은 이 세상에 살고 있기는 하지만, 이 세상에 속하지 않은 사람들이다. 그렇다고 그들이 유령적 존재라는 말은 아니다. 그들은 세상의 질서가 아니라 하나님 나라의 질서를 따르는 사람들이라는 말이다. 그들은 새로운 질서를 창출하는 사람들이다.

교회가 새로운 질서를 만들어 내는 흔적들은 사도행전을 통해서 알 수 있다. 사도행전에는 교회가 형성되고 성장하는 모습, 하나님의 말씀을 전하는 새로운 사람들의 등장, 교회의 성장에 따른 핍박, 복음을 믿은 사람들의 삶 등이 다양하게 나타난다. 예수의 승천 이후에 제자들은 열심히 말씀을 전했고, 사람들은 예수의 이름으로 모이기 시작했다. 그것이 예루살렘에서 시작된 초대 교회였다.

사도행전은 그렇게 모인 사람들이 "함께 지내면서, 모든 것을 공동으로 소유하고, 재산과 소유물을 팔아서, 모든 사람에게 필요한 대로 나누어 가졌다"(행 2:44-45)라고 전한다. 또한 "많은 신도가 다 한마음과 한뜻이 되어서, 누구 하나도 자기 소유를 자기 것이라고 하지 않고, 모든 것을 공동으로 사용하였다"(행 4:32)라고도 전한다. 그러므로 "그들 가운데는 가난한 사람이 하나도 없었다. 땅이나 집을 가진 사람들은, 그것을 팔아서, 그 판 돈을 가져다가 사도들의 발 앞에 놓았고, 사도들은 각 사람에게 필요에 따라 나누어"(행 4:34-35) 주었기 때문이다.

기도와 예배와 같은 종교적 형태도 중요하지만, 그들의 모습에서 눈에 띄는 것은 '공동 소유'다. 그것은 재산을 팔아서 함께 나누는 삶으로 소개된다. 이러한 삶의 목표는 아마도 단 한 가지였을 것이다. 모든 사람이 자신들의 형편에서 필요를 충족하고, 그들 가운데 가난한 사람을 없애는 것이다.

여기에 사용된 '필요'라는 말은 결핍을 의미하는 것으로, 각 사람이 처한 부족하고 모자란 부분을 이른다. 모두 다 어려운 시절이고 저마다 입에 풀칠하는 것이 쉽지 않았던 때, 다른 사람들의 필요를 채워 주어야겠다는 마음을 가졌다는 것 자체가 고마운 일이다. 교회는 이렇듯, 함께 힘을 합쳐서 서로의 고단함을 덜어 주겠다는 사람들의 모임으로 출발했다. 그들은 예수의 말과 행위 속에서 이것을 보았고, 복음을 믿는다는 것은 그러한 삶을 실천하는 것이라는 사실을 의심하지 않았던 것 같다.

누군가의 필요를 채우는 것은 풍성하고 과하게 먹고 마시는 것을 의미하지 않는다. 그것은 최소한의 것도 누리지 못하는 사람들에게, 그들이 삶의 기본을 채울 수 있도록 해 주는 것이다. 공동체 안에 가난한 사람, 즉 기본적인 필요가 채워지지 못한 사람이 없도록 하는 것이다.

궁핍의 시대에, 교회라는 이름으로 모인 사람들이 다른 사람들의 필요를 채워 주고 그 모임에서 가난한 사람을 없애겠다고 자신들의 재산과 소유물을 팔다니! 교회는 기적 같은 모임이었다. 더군다나 이런 교회에 누구든지 올 수 있었다. 성별이나 인종이나 사회적 지위와 무관하게 말이다. 예수가 경계를 없앴으니 가능한 일이었다.

세상의 질서와 달리, 교회는 누군가 특정인의 풍요와 부유를 위한 모임이 아니었다. 교회는 한 사람의 권력에 따라 움직이는 모임이 아니라, 모두 함께 살아가는 방법을 모색하는 모임이었다. 교회는 모든 사람이 인간으로서 최소한의 존엄을 누릴 수 있게 하는 모임이었다. 세상에서 잃어버린 인간의 모습을 찾을 수 있는 곳, 교회는 그런 곳이었다.

그러므로 "날마다 한마음으로 성전에 열심히 모이고, 집마다 빵[떡]을 떼면서, 순수한 마음으로 기쁘게 음식을 먹고, 하나님을 찬양하였다"(행 2:46-47)라는 말에 "그들은 모든 사람에게서 호감을 샀다"(행 2:47)라는 말이 덧붙여진 것은 이상하지 않다.

그들이 집에서 함께 먹는 떡은 성전에서 모이는 일상적인 종교 행위에 빛을 더했다. 아마도 누군가는 예수 믿는 사람들이 성전에서 어떤 모임을 가지는지 궁금했을 수도 있지만, 그들이 집에서 함께 떡을 먹으며 서로의 배고픔을 채워주는 사랑을 보며, 성전에서의 모임과 집에서의 모임이 다르지 않을 것이라는 기분 좋은 추측을 했을 것이다. 이제 집은 예수의 복음을 전하는 새로운 장소가 되었고, 그들의 삶은 복음 자체가 되었다. 그들의 새로운 삶은 누군가가 꿈꾸었지만, 경험해 보지 못한 것이었다.

○

그런데 소유를 팔 수 있는 것은 가진 사람들의 몫이었을 것이다. 그들은 예수의 복음이 아니었다면 자신들의 소유를 충분히 누릴 수 있었을 테지만, 복음 때문에 자신들의 것을 나누어야 하고 자신들이 누릴 수 있는 많은 것을 포기하거나 단념해야 했을 것이다.

'모두 함께'를 위해서 이러한 헌신과 희생이 뒤따르게 마련이지만, 그것이 즐거움으로 느껴지는 동안에는 희생이나 헌신이라는 말조차 나오지 않는다. 그것이 기쁨으로 느껴질 때, 그것은 사랑이며 하나님의 뜻으로 이해되었다. 그러나 어느 순간, '왜 나만?' 혹은 '언제까지 이 일을?' 혹은 '어느 정도까지?' 등등의 의문들이 생겨날 때가 있다. '꼭 이래야 할까?'와 같은 타협의 심정들 말이다.

아나니아와 삽비라의 비극은 그렇게 시작되었던 것 같다. 그들은 땅을 팔지 않을 수도 있었고, 땅을 판 돈을 다 교회를 위해 쓰지 않을 수도 있었다. 그들은 언제든지 자신의 소유를 마음대로 할 수 있었다. 아무도 그들을 강제하지 않았다. 그런데도 그들이 땅을 판 돈의 일부를 감추고 마치 그것이 전부인 것처럼 거짓말을 하는 일이 발생했다.

아마도 그들은 스스로를 오해했던 것 같다. 자신들이 대단한 믿음을 가지고 있다고 말이다. 자신이 할 수 없는 것을 자신이 할 수 있다고 착각하는 오해, 그것이 믿음으로 치장될 수 있다는 오해, 그것은 죽음을 부른다. 더욱이 무엇을 바침으로 하나님의 호감을 살 수 있다고 믿는다면, 그것은 최악이다. 자신을 부풀리면서 하나님에 대한 무지를 드러낸 아나니아와 삽비라의 이야기가 어찌 그들만의 모습이겠는가!

결국 모두의 필요를 채워 주던 교회는 분열되기 시작했다. 일부 사람들이 구제에서 빠지게 되었고, 날마다 한마음으로 성전에 열심히 모이고, 집마다 빵[떡]을 떼면서, 순수한 마음으로 기쁘게 음식을 먹는 모습은 사라졌다. 누군가는 배를 불렀겠지만, 누군가는 배가 고팠다. 내가 배고픈 이유는 다른 사람의 배부름 때문이라는 고약한 마음은 서로를 도닥이던 시절을 추억으로 만들었다. 이제 더 이상 함께 배부른 일은 일어나기 어려워졌다.

서로의 입에 떡을 넣어 주던 초대 교회의 모습은 교회가 무엇을 해야 하는지를 알려 준다. 교회는 사람이 사람으로서의 존엄성을 지킬 수 있도록 해 주는 모임이어야 한다. 하나님의 피조물로서의 존엄이 무너지는 곳에서, 그것을 다시 살려 내어, 각 사람을 하나님 앞에 서게 하는 곳이 교회다. 자신에 대한 오해와 믿음에 대한 무지가 하나님에 대한 욕심으로 나아가지 않도록 제동을 걸어 주는 곳이 교회다.

그런 제동이 걸려 멈칫하며 돌아보면, 다른 사람의 필요를 보는 눈도 생기고 교회를 삶으로 실천하는 순간도 오지 않을까? 내 집에서도 어느 순간에 함께 떡을 나누며, 순수한 마음으로 기쁘게 음식을 먹는 모임이 일어나지 않을까?

아름다운 문

구걸을 끝내고 하나님 앞에서
자급자족할 수 있는 힘,
구원은 그로부터 시작된다.

예수와 그의 제자들에 이르면, 집은 어느새 구원의 장소가 된다. 그러나 이것은 유대인들의 입장에서 볼 때 놀랍고도 불쾌한 일이었다. 유대인들에게 있어서 구원의 장소는 언제나 성전이었기 때문이다. 하나님이 임재하시는 장소로서의 성전은 유대인들의 삶의 중심이었으며 구원을 회복하는 곳이었다.

이스라엘 백성이 나라를 잃고 거대 세력들의 지배 아래 있을 때, 성전의 이러한 기능은 이스라엘을 흩어지지 않게 묶어 주는 역할을 했다. 그들에게 비록 독립적인 나라와 자신들을 통치하는 왕이 없더라도, 그들은 주눅 들 필요가 없었다. 그들에게는 성전과 율법이 있었기 때문이다. 절기가 되면 팔레스타인 밖에 있던 사람들도 멀리서 예루살렘 성전을 찾아왔다. 그리고 성전에서 드리는 제의를 통해서, 그들은 하나님의 백성으로서의 거룩함을 회복하고 자신들의 집으로 돌아갔다.

그러나 예루살렘 성전이 흩어진 유대인들을 하나로 묶어 주는 만큼 성전의 부정적 기능도 점차 드러났다. 성전의 중요성이 강조될수록 성전 제의를 관장하는 사람들의 힘도 늘어날 수밖에 없었기 때문이다. 대제사장들과 그들의 그룹들은 종교적인 힘뿐 아니라 정치적 힘도 장악했다. 더욱이 성전에 바치는 헌금과 제의에 필요한 모든 것이 성전의 경제적 기능을 강화했을 때, 성전은 이스라엘 경제의 중심이 되었다. 성전의 지도자들은 정치적, 종교적 힘에 더하여 경제적 힘까지 움켜쥐었다.

제사장 그룹인 사두개인들이 성전 제의를 중심으로 이스라엘의 거룩함을 유지하려고 했다면, 바리새인들은 성전이 아니라 일상의 삶에서 율법을 철저히 지킴으로 이스라엘의 거룩함을 유지하려고 애썼다. 그들은 율법을 연구하며 가르쳤고, 자신들처럼 율법을 잘 지키는 사람들을 의인으로, 율법을 지키지 못하는 사람들을 죄인으로 분류했다. 바리새인들도 물론 성전 제의에 참여하며 성전의 중요성을 간과하지 않았지만, 그들은 율법을 해석하고 가르침으로 자신들의 권위를 강화했다.

그런 사두개인들과 바리새인들이 예수를 따라다니며 공격하는 정점에 '성전 정화'로 알려진 이야기가 있다. 제의를 지내기 위해서는 제물도 필요하고 헌금도 필요했다. 그러므로 제의 때에는 제물이나 제의에 사용할 수 있는 화상(畫像)이 없는 화폐를 파는 사람들이 성전에서 자리를 차지했다. 제의를 빌미로 성전은 목 좋은 거래 장소가 되었다. 그러나 예수는 기도하는 집인 성전을 강도의 소굴로 만들었다며 그들을 내쫓았다.

내쫓긴 것은 성전에서 장사하는 사람들이지만, 실제로

예수가 칼날을 겨눈 대상은 그들이 아니었을 것은 분명하다. 그들이 어떻게 제 발로 걸어 들어와 그곳에 자리 잡고 앉아 있을 수 있었겠는가! 성전에서의 예수의 행동은 성전에서 힘을 쥐고 있는 사람들에게로 향했다. 그들에 대한 비난은 그들이 주관하는 제의에 대한 비난이며, 결국 성전에 대한 모욕으로 간주될 수밖에 없었다.

예수가 이렇게 노골적으로 성전을 공격하는 것은 성전이 제 기능을 하지 못했기 때문이다. 이스라엘에서 의인과 죄인의 차이는 성전에 들어갈 수 있는지의 여부에 달려 있었다. 성전에 들어갈 수 있는 자, 성전에서 하나님 앞에 설 수 있는 자, 그가 의인이다. 반면 죄인은 하나님 앞에 설 수 없는 자이며, 성전에 들어갈 수 없는 자다.

이러한 아이러니가 어디에 있는가? 성전에서 거룩함을 회복해야 하는데, 진정으로 거룩함을 필요로 하는 죄인이 성전에 들어갈 수 없으니 말이다. 이방인의 뜰 – 여자의 뜰 – 이스라엘의 뜰 – 제사장의 뜰을 지나 성소와 지성소에 이르는 성전의 구조는 죄인이 거룩함에 이르기가 얼마나 어려운 일인지를 한눈에 보여 준다.

예수의 식탁이 반가운 이유는 이것이다. 예수는 세리와 죄인과 밥을 먹으며 건강한 자에게는 의사가 쓸데없고 병든 자에게라야 쓸데 있다고 말하지 않았는가! 병든 자를 고치는 예수의 식탁은 죄인을 의인으로 변화시키는 곳이다. 진정한 치유와 거룩이 그곳에서 일어난다. 죄인을 하나님 앞에 세울 수 없는 성전의 거룩함이 어디에 쓸데 있을 것인가!

주후 66-70년에 일어난 유대인과 로마의 전쟁으로 예루살렘 성전은 멸망했다. 성전의 멸망으로 말미암아 성전 중심의 유대적 삶은 율법으로 옮겨 갈 수밖에 없었다. 그러나 아직 전쟁으로 성전이 멸망하기 전에, 성전은 이미 그 효용을 다하고 있었다. 성전의 퇴락은 예수가 활동하던 때에도, 예수가 세상을 떠난 뒤 제자들이 전도하는 때에도 지속되었다. 성전의 구원이 점차로 예수의 식탁으로 옮겨 가면서 말이다.

사도행전은 성전에서의 구원의 의미가 어떻게 예수의 식탁으로 옮겨 갈 수밖에 없는지를 단적으로 보여 준다. 아직 예루살렘 성전이 건재할 때, 예수의 제자들은 기도하는 집으로서의 성전의 기능을 무시하지 않았다. 예수가 날마다 말씀을 가르쳤던 그곳으로, 제자들도 시간에 맞춰서 기도하러 올라가곤 했다. 그들에게도 성전은 여전히 만민이 기도하는 곳이었다.

예루살렘 성전에는 여러 개의 문이 있었는데, 그중에 '아름다운 문'이라는 이름이 붙은 것이 있었다. 그런데 그 아름다운 문 앞에, 어느 날인가부터 나면서 못 걷게 된 사람이 날마다 구걸을 하고 있었다(행 3:2). 나면서 못 걷게 된 사람이니,

스스로 걸어와 그곳에 자리 잡지는 않았을 것이다. 아마도 누군가 많은 사람의 자비를 바라는 소박한 희망으로 날마다 그를 그곳에 놓아 두었던 것 같다. 성전에 오는 사람들의 자비와 아름다운 문이 주는 감동에 기대어서 말이다.

그러나 성전의 아름다운 문과 구걸하는 지체 장애인의 대조는 그렇게 감동적이지 않다. 날 때부터 걸을 수 없는 그 사람은 율법을 좋아하는 바리새인들의 입장에서는 분명한 죄인이다. 구원의 상징인 성전, 그리고 구원을 빛내 줄 아름다운 문, 그 앞에서 날마다 구걸하지 않으면 삶을 이어 나갈 수 없는 죄인의 대조는 성전은 무엇으로, 어떻게 구원의 모습을 드러내는지, 의문을 자아낸다. 짤랑, 소리를 내는 동전 한 닢이 구원일 수 있을까?

'날마다의 구걸'이 삶을 얼마나 피폐하게 만들지는 끔찍하다. 끝이 없는 구걸은 그에게 존엄 따위는 사치라는 것만을 알게 할 것이다. 중요한 것은 오늘을 살아 내는 것이기 때문이다. 베드로와 요한이 성전의 아름다운 문을 지나던 때도 나면서부터 걷지 못하던 자의 '날마다의 구걸'은 지속되고 있었다.

그러나 이제 베드로와 요한은 다른 사람들의 동전 한 닢과는 다른 해법을 보여 준다. 다른 사람들처럼 한 닢의 동전으로 그의 '날마다'를 내일이나 모레로 연장시키는 대신, 그들은 그에게 전혀 다른 삶을 가능하게 한다. 나사렛 예수 그리스도의 이름으로 그를 일으켜 세운 것이다. 그는 걷기도 하고 뛸 수도 있게 되었으며, 하나님을 찬양하면서 제자들과 함께 성전으로 들어갔다. 성전 밖에서 구걸하던 그의 '날마다'가 끝장나는 순간이었다.

○

나는 그가 구걸하는 비참한 그 '날마다'를 끝냈다는 것이 너무 반갑다. 이제 그가 자신의 다리로 움직이며 자신의 힘으로 스스로의 배를 채울 수 있을 것이기 때문이다. 그는 더 이상 구걸이라는 수단으로 다른 사람의 자비에 의존하며, 자신의 존엄을 해치지 않아도 되었다. 그는 이제 자신의 힘으로 식탁을 꾸릴 수 있게 되었다. 예수의 이름으로 회복된 그가 어떤 식탁을 꾸릴 것인지는 상상만으로 배부르지 않은가!

그러므로 이 놀라운 이야기는 단순히 제자들의 기적적 능력을 말하는 데 머물지 않는다. 이 고마운 이야기는 성전의 기능을 매우 날카롭게 비판한다. 그의 구걸을 끊어 줄 생각은 하지도 못한 채 날마다 그를 성전 밖에 머물게 한 사람들에게, 그가 어떻게 성전에 들어갔는지를 보여 준다.

구걸하는 지체 장애인이 갈 수 있었던 곳은 아름다웠지만, 그를 성전 안 하나님께로 이끌지는 못했다. 그곳이 아무리 아름답다고 해도, 그 아름다운 문은 그에게 '너는 죄인이야'만을 각인시킬 뿐이었다. 그 문을 넘어설 수 있게 한 사람은 아무도 없었다.

　　그러나 이제 예수 그리스도의 이름은 그를 일으켰고, 성전 안을 뛰어다닌다고 그를 제지할 사람은 없게 되었다. 그렇다면 성전은 구원을 위해서 무엇을 했는가? 날마다의 구걸을 멈출 수 있게 하는 것, 그것이 구원이라면, 성전은 이미 무력했다.

　　구걸하는 사람에게 떨어지는 한두 푼의 자비는 고마운 일이다. 그러나 하루하루 위태롭게 이어지는 자비는 구원이 될 수 없다. 다른 사람의 선의에 의존하는 삶이란 불안하기 짝이 없을 것이기 때문이다. 불현듯 그 선의가 끝나는 순간, 그것을 탓할 수는 없다. 선의는 의무가 아니기 때문이다. 그저 선의를 거두어들이지 않도록 눈치를 살피며 비위를 맞추며 굽신거리는 것만이 삶의 방식이 될 수 있을 뿐이다. 그래도 그것밖에는 방법이 없는 사람들이 있다. 그들의 게으름을 탓할 수 없는 형편이라는 것도 있다. 분명한 것은, 선의를 구걸하는 삶에 안식은 없다는 것이다.

　　눈치와 염려로 가득한 불안정한 하루하루에도 성전이

진정한 구원이 되었으면 좋았을 텐데, 그때도 오늘도 성전은 그렇게 안정적인 곳이 되지는 못하는 것 같다. 날마다의 구걸을 멈추게 하는 곳, 날마다의 먹거리를 살필 수 있는 곳, 그곳에서 구원이 일어난다.

자립(自立)은 자족(自足)이며 자급(自給)이다. 하나님 앞에서 자급자족할 수 있는 힘, 구원은 그로부터 시작된다. 구걸을 끝내고 새로운 힘을 얻는다면, 그는 이제 병든 자가 아니다. 그가 건강해졌다면, 그는 또한 예수처럼 그런 식탁을 차릴 수 있을 것이다. 다른 사람을 일으키는 식탁 말이다.

허울

성전에 헌금이 쌓여 갈 때
누군가는 빈 식탁으로 서글퍼한다면
성전은 구원의 장소가 될 수 없다.

성전이 구원을 드러내지 못한다는 사실은 서글픈 일이다. 그러나 성전에서 구원이 이루어지지 않는다고 해서 구원을 포기할 수는 없다. 예수가 새로운 구원을 선포하는 것은 이렇게 막막한 현실에 대한 대안이기도 하다. 아이러니하게도 성전 안에서, 예수는 실질적으로 구원이 어떠해야 하는지를 설명한다. 예수는 부자들이 헌금함에 헌금을 내는 모습을 본다. 그리고 이 부자들의 헌금은 곧이어 가난한 과부의 헌금 이야기로 이어진다.

부자와 가난한 과부는 모두 헌금을 했다. 부자가 얼마의 헌금을 했는지는 성경에 나와 있지 않은 반면, 가난한 과부의 헌금 액수는 '두 렙돈'으로 명시되어 있다(눅 21:1-2). '렙돈'은 팔레스타인에서 유통되었던 가장 적은 금액의 동전이다. 일반적으로 일용직 노동자의 일당이 1데나리온이라고 한다면, 1렙돈은 128분의 1데나리온에 해당한다.

두 렙돈은 과부의 한 끼도 해결할 수 없는 적은 돈이며 헌금이라기에는 민망한 액수다. 그러나 두 렙돈은 과부가 생명을 유지하기 위해서 가진 모든 것이었다. 과부는 가난한 사람이었다. 어쩌다 과부는 이 지경에 이르렀을까? 도대체 그녀에게 무슨 일이 있었던 것인가?

과부의 개인적인 문제를 알 길은 없다. 그러나 과부의 핍절함은 이스라엘의 공동체성이 붕괴되었다는 것을 분명하게 보여 준다. 이스라엘은 과부와 고아를 돌봄으로써 하나의 공동체를 이룬다. 그런데 과부가 두 렙돈 정도의 생활비만을 갖고 있었다면, 그것은 그녀가 공동체의 도움을 전혀 받지 못했다는 것을 나타낸다.

그렇다면 과부는 자신의 생활비 전부를 헌금함에 넣고 무엇을 하려고 했을까? 성전에서 나와 집으로 돌아가는 길에 과부는 어떤 미래를 꿈꾸었을까? 아마도 그녀는 미래 같은 것은 꿈꾼 적이 없을지 모른다. 텅 빈 식탁을 한탄하며, 그녀의 발걸음은 마지막을 향하고 있었을지도…….

과부의 이러한 절망적 상황에 대해서 이유를 추측해 볼 수 있는 여지는 있다. 과부의 안타까운 이야기가 누가복음과 마가복음에 나올 때, 두 복음서 모두 율법학자의 이야기와 연결시키고 있기 때문이다. 백성들을 가르치면서, 예수는 율법학자들을 비판한다.

그들은 예복을 입고 다니기 좋아하는 사람들이다. 아마도 높은 관직을 나타내는 호화스러운 의복으로 자신들의 지위를 과시하려는 것이리라. 좋은 옷만큼 그들이 좋아하는 것은 시장에서 문안 받는 것이다. 아마도 사람들에게 위엄을 떨치고 자신들의 지위를 인정받으려는 욕구가 그렇게 드러난 것이리라. 회당에서 높은 자리에 앉는 것을 좋아하는 것과 잔치에서 윗자리에 앉기를 즐겨하는 것도 모두 같은 맥락이다.

어디를 가나 자신들이 최고여야 직성이 풀리는 사람들이라는 말이다.

율법학자들의 특징으로 묘사된 모든 것은 예수의 가르침과는 전적으로 대치되는 것들이다. 예수는 제자들에게 "누구든지 자기를 높이는 사람은 낮아질 것이요, 자기를 낮추는 사람은 높아질 것이다"(눅 14:11)라고 가르치지 않았는가?

그러나 이러한 것들은 이어지는 다른 특징들에 비하면, 어쩌면 귀여운 허세 정도로 봐 줄 수 있을지도 모르겠다. 지금까지 말한 것이 그들의 과시 욕구에 해당하는 것이라면, 이제 예수는 그들이 남들에게 끼치는 악행을 폭로한다. 이것은 그들의 정체를 드러내는 더욱 심각하고 근본적인 문제다.

예수는 그들이 과부들의 가산을 삼키고, 남에게 보이려고 길게 기도하는 자들이라고 말한다. 여기서 '과부들의 가산을 삼키다'와 '남에게 보이려고 길게 기도하다'는 병행을 이룬다. '가산'이라는 말은 '집, 가정, 재산' 등을 뜻하는 것으로, '가산을 삼키다'는 '집안을 말아먹는 것', '가정을 파괴하거나 거덜 내는 것' 등을 의미한다. 그것의 구체적인 행동이 언급되지는 않았지만, 그들의 행위는 율법학자라는 그들의 직업을 통해서 추측해 볼 수 있다.

율법학자는 율법 전문가, 해설자, 교사의 역할을 했다. 그들은 율법을 보호하고 정당화하기 위하여 율법을 연구했으며, 다른 사람들에게 율법을 교육했고, 산헤드린에서 율법의 치리를 맡은 재판관으로 활약했다. 그들은 글을 배우고 율법을 연구한 자신들의 지식으로 율법을 수호하고 백성들을 지키는 역할을 수행해야 했다. 이 때문에 그들은 백성들에게 신망을 받았으며 그만큼 많은 영향력을 행사할 수 있었다. 지도자로서 그들의 역할은 율법을 통해서 백성들과 그들의 공동체가 바른 삶을 살 수 있도록 이끄는 것이었다.

그러나 그들은 자신들의 지식과 지위를 이용해서 자신들의 도움을 필요로 하는 사람들에게 오히려 피해를 입히고 악을 행하는 자들이 되었다. 예수의 비판으로 추측하자면, 그들은 과부와 고아와 같이 공동체에서 도움을 필요로 하는 자들에게, 그들의 지식을 제공하고 도움을 주는 본래의 직분을 감당하지 않았다. 아마도 그들은 자신들의 지식을 고아나 과부가 누려야 할 권리를 위해서가 아니라 과부들의 가산을 빼앗기 위해서 사용했을 것이다.

그러므로 예수는 지금껏 믿음의 자랑거리였던 그들의 '긴 기도'에 '남에게 보이려고'라는 수식어를 집어넣는다. 예수는 과부들의 가산을 삼키면서 하는 긴 기도는 허울일 뿐이라고 말한다. 율법학자들은 백성의 지도자로 존경받고 싶었겠지만, 예수는 그들이 가짜라고 말한다. 그들의 허구를 폭로하며, 예수는 그들이 더 엄중한 심판을 받을 것이라고 경고한다.

'과부들의 가산을 삼키다'와 '남에게 보이려고 길게 기도하다'는 스스로 보호할 힘을 가지고 있지 않은 사람들을 가난으로 몰아넣는 유대 지도자들의 가짜 믿음을 적나라하게 드러낸다. 지도자들은 돌봄이 필요한 사람들에게 율법을 실천하기는커녕, 그들의 재산을 탐하며 그들을 더욱 비참한 지경에 밀어 넣었다.

율법학자들의 행태를 뒤이어 나오는 과부의 두 렙돈과 연결시키면, 과부의 생활비 전부가 두 렙돈에 불과할 수밖에 없었던 이유를 알 수 있을 것 같다. 과부는 마땅히 받아야 할 돌봄을 받지 못했을뿐더러, 오히려 그들에게 착취당하고 이제는 죽을 일밖에는 남은 것이 없는 상황인 듯하다. 두 렙돈은 그녀의 모든 것이며 그녀의 마지막이었다.

○

이제 예수는 부자들의 헌금과 과부의 두 렙돈을 비교하면서, 과부가 다른 모든 사람보다 많이 넣었다고 말한다. "모두 다 넉넉한 데서 얼마씩을 떼어 넣었지만, 이 과부는 가난한 가운데서 가진 것 모두, 곧 자기 생활비 전부를 털어 넣었다"(막 12:44). 우리는 예수의 이 말을 생활비 전부를 바친 과부에 대한 추앙으로 읽고 싶어 한다. 부자는 넉넉한 중에 일부를 바친 반면, 과부는 가난한 중에 생활비 전부를 넣었으니 칭찬받아 마땅할 것이라고 말이다. 부자의 '일부'와 과부의 '전부'를 대조하면, 과부의 '전부'가 칭찬의 핵심으로 떠오른다.

그러나 조금 찬찬히 살펴보면 그렇지도 않다. 여기서 '넉넉하다'는 '자신에게 필요한 것 이상, 충분한 것 이상, 초과된 것' 등을 의미한다. 부자는 필요 이상을 가진 사람이고, 과부는 필요한 것을 갖지 못한 가난한 사람이다. 대조는 여기서 일어난다. 예수는 '일부'와 '전부'를 대조시키는 것이 아니라, 부자의 '과잉'과 과부의 '핍절'을 대조시킨다.

과잉과 핍절의 대조는 부자의 어떤 헌금도 결코 과부의 두 렙돈보다 많을 수 없는 근거다. 예수의 말은 과부에 대한 칭찬이 아니라, 부자에 대한 도발이다. 과부의 헌금은 그 액수를 알 수 있다. 그러나 부자들이 낸 헌금의 액수는 알 수 없다. 어쨌거나 두 렙돈보다 큰 것은 분명할 텐데, 얼마나 많은 돈으로든 두 렙돈을 능가할 수는 없다.

부자가 헌금으로 과부를 이길 수 있는 방법은 과부처럼 한 톨도 남김없이 전부를 바칠 때뿐이다. 부자의 '전부'와 과부의 '전부'가 대결하지 않는 한, 부자의 '일부'로는 과부를 능가할 수 없기 때문이다. 그러나 예수의 대조가 부자의 '넉넉함'과 과부의 '가난함'에 있다는 것을 상기한다면, 이 이야기의 중점은 헌금이 아니라 과부의 핍절함이다.

예수가 하고 싶었던 말은 모두 이렇게 과부처럼 전부를 바치라는 것이 아니라, 과부가 두 렙돈의 생활비에서 벗어날 방법을 묻는 것이다. 부자들의 헌금보다 과부의 두 렙돈이 더 많다는 예수의 도발은 과부를 그 지경으로 만든 상황에 대한 비판이다.

두 렙돈이 생활비 전부가 되는 상황에 과부가 처하지 않는다면, 부자들의 넉넉함과 과부의 핍절함이 그렇게 대조되지 않는다면, 부자의 헌금은 과부의 두 렙돈을 능가할 수 있을 것이다. 가난한 과부가 핍절한 상황에서 자신이 가진 생활비 전부를 헌금하고 삶에서 손을 터는 상황이 만들어지지 않는다면, 누군가의 부가 그렇게 지나치게 넉넉하지 않다면, 공동체에서 그들이 함께 삶을 누릴 수 있다면, 부자들의 헌금과 과부의 두 렙돈을 비교할 일이 무엇이겠는가?

예수는 누구든지 어떻게든 헌금함을 채우라는 이야기가 아니라, 과부의 삶을 채우라는 말을 하고 싶었을 것이다. 그러므로 '과부들의 가산을 삼키다'와 '남에게 보이려고 길게 기도하다'와 '넉넉한 중에 헌금을 넣다'는 병행을 이룬다.

물론 모든 부가 다른 사람의 가산을 삼킨 결과는 아니다. 언제든지 깨끗한 부를 이야기할 수 있다. 그러나 그것은 깨끗하고 더럽고의 문제가 아니다. 어떠한 형태로 넉넉함을 이루게 되었든 간에, 자신이 넉넉하다면 다른 사람의 핍절함을 돌아보아야 하는 것은 당연지사다.

긴 기도가 외식이나 허세가 되지 않는 방법, 넉넉함 중에 넣는 헌금이 기쁨이 되는 방법이 없는 것은 아니다. 과부가 그들의 공동체에서 함께 살아갈 방법이 있다면, 과부가 더 이상 가난 속에서 자신의 삶을 포기하지 않아도 된다면, 과부가 자신의 존엄을 지킬 수 있다면, 문제는 해결될 것이다.

다른 이들은 돌아보지 않은 채, 성전에 내는 헌금으로 믿음을 보이고 무엇인가를 보증받으려 한다면, 성전의 허울은 아무것도 보장할 수 없을 것이다. 성전에 헌금이 쌓여 갈 때, 누군가는 빈 식탁으로 서글퍼할 때, 그 마지막 두 렙돈에마저 믿음의 옷을 입히려 한다면, 성전은 결코 구원의 장소가 될 수 없다.

예수가 부자들에게 더 많은 헌금을 독려하기 위해서 과부의 믿음을 들추어내고 있다고 생각한다면, 진정으로 오산이다. 아마도 예수는 두 렙돈이 생활비 전부인 과부가 성전에서라도 위로받을 수 있기를 바랐을지 모른다. 그러나 마지막 두 렙돈이 헌금함에 떨어질 때, 그녀에게 돌아갈 위로는 없었다. 성전은 무심히 그녀의 마지막을 삼켜 버렸고, 빈약한 두 렙돈은 곧 잊힐 것이었다. 부자에 대한 예수의 도발은 그녀에 대한 마지막 위로이기도 하다. 그래서인지 이 이야기는 곧바

로 예수가 아름다운 성전의 멸망을 예언하는 이야기로 이어

진다(눅 21:6).

다시 시작!

식탁은 근심과 불안을 가라앉히고

힘든 무릎을 펴서

세상으로 다시 나갈 힘을 준다.

제자들과 나눈 예수의 마지막 식탁은 각별한 의미를 가진다. 예수의 식탁이 주는 의미가 응집되어 있기 때문이다. 예수의 마지막 식탁에 대해서는 공관복음과 요한복음에서 약간의 차이가 있다. 비슷한 관점으로 쓰였다고 해서 공관복음이라 불리는 마태복음, 마가복음, 누가복음에서는 예수가 떡과 포도주를 나누면서 한 말이 두드러진다. 예수는 이 식사에서 떡을 들어서 축복한 다음에, 떼어서 그들에게 주고, "받아서 먹어라. 이것은 내 몸이다"라고 말했다(마 26:26). 또 잔을 들어서 감사를 드린 다음에 제자들에게 주어 마시게 하며, "이것은 많은 사람에게 죄를 사하여 주려고 흘리는 나의 피, 곧 언약의 피다"라고 말했다(마 26:27-28).

예수의 몸과 피를 먹는다는 표현 때문에 기독교는 매우 흉흉한 소문에 시달려야 했다. 그렇지 않아도 정체가 불분명한 그들의 모임은 꽤나 음흉해 보였는데, 예수의 몸과 피를 나눈다고 하니 그들의 행보가 의심스러울 수밖에 없었을 것이다. 그러나 '예수의 몸과 피'라는 것은 예수의 죽음의 표적이다. 예수가 죽는다는 것이 무슨 의미인지를 가장 일상적인 상징과 언어로 표현하고 있는 것이 예수의 몸과 피다.

예수는 우리를 위해서 죽음으로써 우리에게 자신의 몸과 피를 '내어 준다.' 우리는 예수가 우리에게 내어 준 그의 몸과 피를 먹음으로써, 그의 생명을 우리 안에 끌어들이고 새로운 사람으로 태어난다. 예수가 주는 떡과 포도주는 예수의 생명이 우리에게 이어지는 표적이다.

예수는 제자들과의 마지막 식사에서, 이러한 표적을 통해서 예수가 세상에 없다고 해서 예수의 생명이 끝날 수 없음을 보여 준다. 예수의 마지막 식탁은 오늘을 기억함으로 내일을 가능하게 하기 위함이다. 그러나 오늘의 이 마지막 식탁은 갑작스러운 생뚱맞은 퍼포먼스가 아니라 예수가 가져 왔던 세리와 죄인과의 식탁의 연속선상에 있다. 예수의 마지막 식탁은 그의 삶 내내 이어져 온 것이며, 그것을 기억하는 사람들로 말미암아 앞으로 내내 지속될 것이다.

그러므로 이 식탁에는 진정으로 만감이 교차한다. 예수와의 헤어짐을 감당해야 하는 무게에, 되살아나는 예수의 사랑을 간직하고 앞날을 헤쳐 나가야 하는 중압감이 더해졌을 것이니 말이다. 그리고 거기에 예수의 마지막이 제자들의 새로운 시작이 되기를 간절히 바라는 예수의 마음이 얹어진다. 이 중요한 예수의 마지막 식사를 잊지 않으려는 노력은 시간이 지난 후에 성만찬이라는 전례로 자리 잡았다. 전례를 통해서 예수의 마지막 식탁에 장엄하고 숭고한 의미가 더해졌다.

그러나 전례에 담기지 않은 마지막 식탁의 다른 내용들도 있다. 요한복음의 마지막 식사에는 몸과 피라는 표적이 나타나지 않는다. 대신, 요한복음에는 마지막 식사에서 예수가 제자들의 발을 씻기는 이야기가 나온다.

이것도 종종 세족식이라는 형태로 우리에게 정형화되기는 했지만, 아마도 무슨 형식을 만들려는 의도는 아니었을 것이다. 마지막이 주는 애틋함 속에서 예수는 제자들을 위로하고 싶지 않았을까, 하는 생각이 들기도 한다. 늘 그와 함께하느라 수고했을 제자들의 발을 씻기며 앞으로 그들을 어디로이끌지 모르는 그 발에 평안을 기원했을지도 모를 일이다.

예수는 저녁을 먹을 때, 밥을 먹던 자리에서 일어나 겉옷을 벗고, 수건을 가져다가 허리에 둘렀다. 그리고 대야에 물을 담아다가 제자들의 발을 씻어 주고 허리에 둘렀던 수건으로 발을 닦아 주었다. 발을 씻어 주는 일은 당시에 종들이 하는 일이었기에, 예수의 행보는 파격적이다. 선생으로, 그리스도로 불리던 예수는 마지막 식탁에서 종으로 제자들에게 다가갔다.

제자들의 발을 씻어 준 후에 예수는 다시 식탁에 앉았다. 그리고 제자들에게 자신이 한 일의 의미를 알겠냐고 물으며 말했다. "주이며 선생인 내가 너희의 발을 씻어 주었으니, 너희도 서로 남의 발을 씻어 주어야 한다"(요 13:14). 발을 씻어 주는 행위는 예수가 없는 세상에서 제자들이 살아야 할 지표로 제시된다.

예수가 제자들의 발을 씻어 주었는데 제자들이 서로의

발을 씻어 주지 못할 이유가 무엇이겠는가? 서로의 발뿐 아니라 누구의 발이라도, 제자들이 씻어 주지 못할 이유는 없다. 발을 씻어 주는 행위는 낮아짐이며 순종이다. 예수는 높아지고 싶은 자는 낮아지라고 늘 가르쳐 왔고, 이제 그의 마지막 식탁에서 발 씻김을 통해서 그것을 행위로 반복한다. 예수가 없는 세상에서, 서로 낮아지고 서로 순종하는 것만이 제자들이 하나로 묶일 수 있는 방법이기 때문이다.

○

예수의 마지막 식탁은 마지막 가르침의 장소다. 이 가르침은 예수 없는 세상에서 살아 내야 할 시간들을 준비시키는 것이다. 예수는 이제 제자들을 정비하며 그들을 새로운 출발선에 세우고 싶은 것 같다. 예수가 없더라도 제자들은 나아가야 하기 때문이다. 그래서인지 매우 확실하게, 예수는 제자들에게 '다시 시작!'을 결단하게 하고 싶었는지 모른다.

예수의 마지막을 대하는 제자들의 마음은 아마도 각기 달랐을 것이다. 모두 다 걱정과 근심 속에 있었지만, 예수가 없는 세상을 살아야 할 궁리는 아마도 제각각이었을 것이다. 예수를 팔 마음을 먹은 유다까지 있었으니 말할 것이 무엇이겠는가!

그러나 각기 다른 그 속셈들을 하나로 묶어서 새롭게 힘을 더하고 싶은 것이 예수의 마음이었을 것이기도 하다. 속셈을 돌이킬 수 있는 방법을 알려 주고 싶었는지도 모른다. 그것은 서로에 대한 사랑이며 순종이다. 발 씻김이 이끄는 것이 바로 그것이다. 서로 낮아져서 서로를 돌본다면, 서로의 필요를 채워 주며 서로의 마음을 토닥여 준다면, 나쁜 길에 들어선 못된 마음도 녹아들지 않을까? 당장이 아니더라도, 언젠가는 말이다.

몸과 피로서의 떡과 포도주를 기억하며 예수의 구원으로 돌아오는 것처럼, 예수의 발 씻김은 예수의 사랑을 기억하며 예수에게로 돌아오게 한다. 이 모든 것은 몸과 피, 발 씻김이 있던 온기 가득한 식탁으로 각인된다.

그 기억의 연쇄 고리 속에서 제자들은 예수의 만찬을 위해서 알지도 못하는 사람을 찾아 방을 구하던 때의 간절함, 복음을 전하러 떠났던 길에서 보낸 낯선 곳에서의 쓸쓸했던 저녁 식사, 세리와 죄인으로 엉켜 있는 복잡했던 식탁 등을 함께 떠올릴 것이다. 그 모든 식탁에 예수의 몸과 피가 있었다는 것을 말이다. 어느 식탁에든 둘러앉은 그 사람들의 발을 자신들도 씻겨야 한다는 것을 말이다.

고소한 식탁의 냄새와 같이 웃던 즐거운 얼굴이 엉켜 있는 기억 속의 따뜻한 풍경은 자신이 다시 시작해야 할 곳이 어딘지 알게 한다. 어느 아버지의 그 둘째 아들처럼 말이다.

발 씻김이 행동을 통한 것이었다면, 이제 예수는 다시 돌아온 그 식탁에서 긴 이야기로 제자들을 가르친다. 제자들에게 주는 예수의 새 계명은 "서로 사랑하라 내가 너희를 사랑한 것같이 너희도 서로 사랑하라"(요 13:34)다. '서로 사랑'이라는 계명의 실제적 모습은 '서로 발을 씻어 주라'는 예수의 가르침 속에 이미 드러난 것이기도 하다. 예수는 먼저 본을 보이기도 하며, '새 계명'이라는 말로 규정하기도 하면서, 서로 사랑을 이처럼 강조한다.

제자들에게 이렇게 서로 사랑을 강조하는 데는 아마도 이유가 있을 것이다. 예수의 죽음은 곧 다가올 제자들의 고난으로 이어질 것이 뻔하기 때문이다. 예수를 미워한 세상은 제자들도 미워할 것이다. 예수의 죽음으로 제자들이 덩그러니 세상에 홀로 남겨진다는 것이 그들에게 얼마나 두려운 일일지, 예수는 잘 알고 있다. 어찌 두려움뿐이겠는가? 아마도 예수에 대한 그리움도 채워지지 못할 구멍으로 남을 것이다. 누군가가 떠나고 남은 자리의 쓸쓸함도 예수는 아마 헤아리고 있었을지 모른다.

예수의 마지막 만찬을 생각하다 보면, 그것은 종종 사랑하는 사람을 보내는 장례의 풍경과 맞닿아 있다. 장례식장에 모여 고인을 생각하며 국밥 한 그릇을 나누는 우리의 정은 사실 떠난 분뿐 아니라 남아 있는 가족에게 초점을 맞춘다. 고인을 기억함은 물론이지만, 그를 사랑하는 사람들이 너무 애달프지 않기를, 장례라는 큰일을 무사히 치르기를 바라는 마음에 같이 힘을 모으며 용기와 위로를 더한다. 그리고 그 위로는 남아 있는 사람들이 새롭게 나아갈 힘이 된다. '다시 시작!' 말이다. 예수는 자신의 마지막 식탁에서 스스로 그와 같은 위로를 제자들에게 건넨다.

아마도 이것이 장례의 참 의미이기도 할 것 같아서, 나도 흉내 내고 싶다는 생각이 들기도 한다. 죽은 후가 아니라, 죽기 전에 사랑하는 사람들을 모아 놓고 그들과 함께 사랑했던 기억들을 나누며 나 없는 빈자리에서도 그들이 훌륭한 삶을 이어 가기를 응원하고 떠날 수 있으면 좋겠다는 생각을 하기도 한다. 자신의 장례에 앞서, 스스로 위로를 건네고 눈물을 닦아 주며 정갈한 음식 한 상을 대접할 수 있다면 얼마나 기가 막히게 흐뭇할까, 하는 생각이다. 예수의 마지막 식탁에 그런 것이 있기에 말이다. 예수의 마지막 식탁은 예수의 그런 마음이 담긴 자신의 장례 잔치다.

예수는 밥을 먹으며 제자들을 다독인다. 근심하지 말라고 말이다. 예수는 그들이 근심하고 불안해하는 대신 서로 사랑한다면 그 힘으로 세상과 맞설 수 있다고 위로한다. 다시 시작할 수 있다고 말이다. 식탁은 이렇게 근심과 불안을 가라 앉히고 힘든 무릎을 다시 펼 수 있는 힘을 준다. 더욱이 서로 사랑하는 힘은 주춤대며 세상으로부터 물러서고 싶은 마음을 다잡고 세상으로 다시 나갈 수 있게 할 것이다.

이에 힘을 더하는 것은 이 식탁을 마무리하는 예수의 기도다. 예수는 하나님께 남아 있는 제자들을 부탁하며 그들이 얼마나 든든한 믿음을 가졌는지를 애절하게 기도한다. 그리고 그들이 얼마나 큰 일을 할 사람들인지도 말이다. 마지막 식탁은 이렇게 제자들을 하나로 모으며 그들이 하나님 앞에서 다시 결단하게 한다.

제자들은 그 기도를 기억할 때마다, 예수의 떡과 포도주를 함께 떠올리며, 예수가 자신의 발을 씻어 주던 그 식탁의 풍경 속에 넘쳤던 사랑과 생명으로 다시 용기를 얻을 것이다. 좌절과 근심, 두려움과 낙담으로 흔들리기도 하겠지만, 아직도 생생한 식탁의 온기는 언제든지 그들을 다시 사랑으로 돌려세울 것이다. 언젠가는 말이다.

미끼

즐거운 잔치의 고소한 냄새가 진동할 때
그 떡이 죽음으로 이끄는 미끼인지,
생명으로 이끄는지 살펴볼 일이다.

예수가 제자들에게 그렇게도 '다시 시작!'을 격려하고 위로했지만, 그들의 '다시 시작!'은 당장에 일어나지 않았다. 그들은 같은 마음으로 그곳에 있지 않았다. 유다가 그랬다. 성경에 나오는 유다에 대한 짧은 설명으로는, 유다가 왜 예수를 팔아넘기게 되었는지를 추측하기 어렵다.

요한복음은 악마가 유다의 마음에 예수를 팔 생각을 넣었다고 말한다. 이러한 표현들은 유다의 배신이 악마의 탓인 것처럼 생각하게 한다. 물론 악마의 계략이 들어갔을 수 있다. 그러나 왜 악마가 하필 유다에게 들어갔을까? 손바닥도 마주쳐야 소리가 난다고, 악마는 어쩌면 유다와 가장 쿵짝이 잘 맞았던 것이 아닐까? 그렇다면 결국 유다 자신의 문제다.

악마의 속셈은 예수를 죽이는 것이었고, 유다의 속셈이 무엇이었는지는 불분명하지만, 그 둘의 욕망이 맞아떨어진 것만은 분명하다. 악마의 욕망과 유다의 욕망이 맞아떨어졌을 때, 악마는 유다를 부추기면 되었을 것이다.

제자들의 발을 씻긴 후에, 예수는 자신의 죽음에 대해서 이야기하기 시작했다. 예수는 제자들 중 하나가 그를 팔 것이라고 말했다. 이 말을 하는 예수의 심정도 괴롭겠지만, 이 말을 듣는 제자들이 받은 충격도 컸을 것이다. 제자들은 즉각적으로 이 말에 반응했다. 그것은 서로를 보면서 예수가 누구에 대하여 말하는지 서로를 의심하는 것이었다.

제자들의 반응은 상식적이지만 놀랍다. 방금 예수는 그들의 발을 씻기며 서로 사랑을 명했다. 그런데 예수의 한마디에 그들은 곧바로 서로를 의심하기 시작했다. 이 의심은 설마 '나'는 아니겠지만, '너'는 그럴 수 있을지 모른다는 복잡한 마음이다. 이 의심은 예수의 몸과 피를 나누어서 하나가 되었다는 것이 얼마나 부질없는 환상이었는지, 서로 사랑을 실천하는 길이 얼마나 멀고 험한지를 드러내는 듯하다.

그리고 베드로는 옆에 있는 다른 제자를 통해서 그가 누구인지 알고 싶어 했다. 예수가 제자들의 궁금증을 풀어 주는 방법은 매우 상징적이다. 예수는 "내가 이 빵[떡] 조각을 적셔서 주는 사람이 바로 그 사람이다"라고 말하며 한 조각의 떡을 적셔서 유다에게 주었다(요 13:26).

예수의 몸이었던 떡, 예수의 생명을 주던 떡은 위험한 전조가 되었다. 그 떡은 생명이 아니라, 죽음을 가져오는 것이 되었다. 예수가 주더라도 받으면 안 되는 떡이 되었다. 그 떡은 미끼였다. 그런데 유다는 그 떡 덩어리를 받고 말았다. 예수가 "내가 이 빵[떡] 조각을 적셔서 주는 사람이 바로 그 사람이다"라고 말했는데도 말이다. 요한복음은 그 조각을 받은 후, 사탄이 그에게 들어갔다고 말한다(요 13:27). 사탄과의 쿵짝이 일어났다.

그러나 미끼를 문 것이 유다뿐이었을까? 서로 의심하던

중 자신이 그 배반의 자리에 빠지지 않은 것에만 안심하며, 결국 유다가 그 떡을 받지 못하도록 말린 제자가 없는 것을 보면, 그들도 모두 그 미끼에 걸려든 것은 아닐까? 그러고 보면, 예수의 마지막 식탁은 참으로 복잡 미묘하다. 그 식탁은 사랑을 보여 주며 사랑을 명하는 곳이기도 하며, 또한 사랑을 시험하는 곳이기도 하다.

예수가 유다에게 내민 떡은 예수에 대한 사랑과 제자들 간의 사랑을 시험하는 미끼가 되었다. "내가 이 빵[떡] 조각을 적셔서 주는 사람이 바로 그 사람이다"라는 말에도, 예수의 떡을 받아 든 유다에게 예수에 대한 사랑은 없었다. 그러나 서로를 의심하며 자신이 빠져나갈 자리를 찾는 제자들에게 서로 사랑도 보이지 않았다.

마지막 식탁에는 오직 자신을 내어 주는 예수의 사랑만 이 덩그러니 남아 있다. 그래서인지, 예수가 마지막 식사를 시작할 때 요한복음은 "예수께서 자기가 세상을 떠나 아버지 께로 돌아가실 때가 이른 줄 아시고 세상에 있는 자기 사람들 을 사랑하시되 끝까지 사랑하시니라"(요 13:1)라고 말한다.

예수의 마지막 식탁에는 제자들의 실패에도 불구하고 그들을 향해 흔들리지 않는 예수의 사랑만이 있다. 식탁의 아이러니가 여기에 있다. 펼쳐진 식탁 위에는 온갖 것이 다 놓여 있다. 식탁에는 생명도, 소망도, 안식도, 사랑도 있다. 그러나 그렇게 좋은 것들만 있다면 무엇이 문제이겠는가! 식탁에는 유혹도 있다. 이 유혹을 이겨 내야 하며, 또한 누군가가 유혹에 빠졌다면 그를 건져 내야 하는 것도 식탁에 함께 있는 사람의 몫이다. 그래야 함께 생명을 누릴 수 있다. 서로 사랑이 없는 식탁이 슬픈 이유는 이 때문이다.

○

또 다른 미끼 이야기도 있다. 아브라함은 아들 이삭의 아내를 구하기 위해 그의 늙은 종을 자기 고향으로 보냈다. 오래전 아브라함이 떠나온 고향에서 아브라함 족속의 여자를 찾고 그 여자와 이삭의 결혼을 성사시키는 일이 어찌 쉬운 일이었겠는가?

낙타 열 마리에 선물을 가득 싣고 먼 길을 온 종은 이윽고 아브라함 고향의 우물가에 다다랐다. 그리고 하나님께 다음과 같이 기도했다. "제가 여기 우물 곁에 서 있다가, 마을 사람의 딸들이 물을 길으러 나오면, 제가 그 가운데서 한 소녀에게 '물동이를 기울여서, 물을 한 모금 마실 수 있게 하여 달라' 하겠습니다. 그때에 그 소녀가 '드십시오. 낙타들에게도 제가 물을 주겠습니다' 하고 말하면, 그가 바로 주께서 주의 종 이삭의 아내로 정하신 여인인 줄로 알겠습니다"(창 24:13-14). 늙은 종의 기도는 식탁을 미끼로 던져 놓았다. 그는 우물가에 빈 식탁을 준비하고 정성스럽게 이 식탁을 채워 줄 누군가를 기다렸다. 우물가에서 늙은 종의 혜안은 이렇게 빛났다.

기도를 마치기도 전에 리브가가 물동이를 어깨에 메고 나왔고, 늙은 종은 물을 요구했다. 리브가의 행동은 친절하며 재빨랐다. 게다가 늙은 종의 기도를 들은 것처럼, 요구하지도 않은 낙타의 목마름까지도 넉넉하게 챙겼다. 리브가는 늙은 종이 보이지 않게 차려 놓은 식탁을 사랑으로 채웠다. 그녀의 우물로 늙은 종과 그의 일행, 낙타까지 풍성한 생명을 누리도록 말이다.

늙은 종은 리브가의 집안과 함께 그 집에 묵을 수 있는지를 물었다. 아브라함 족속인 리브가는 "우리 집에는, 겨와 여물도 넉넉하고, 하룻밤 묵고 가실 수 있는 방도 있습니다"(창 24:25)라고 환대하였다. 집을 개방하는 것은 식탁을 개방하는 것이다. 그녀의 집은 사람뿐 아니라 동물까지도 넉넉하게 하룻밤을 보낼 수 있는 곳이 되었다.

리브가의 오라버니 라반이 우물까지 나와서 늙은 종의 일행을 맞아들였다. 그들이 리브가의 집에 들었을 때, 그들을 위해서 풍성한 식탁이 차려졌다. 이미 리브가를 통해서 마른 목을 축였다면, 이제는 편하게 배를 불리면 될 일만 남은 것 같았다. 하나님께 드렸던 기도대로 일이 완벽하게 맞아떨어졌으니 말이다. 우선은 일단 차려진 식탁을 누리면, 다음은 이제까지 인도하신 하나님이 알아서 하실 것이었다.

그러나 늙은 종의 반응은 의외였다. 그는 라반에게 "제가 드려야 할 말씀을 드리기 전에는, 밥상을 받을 수 없습니다"(창 24:33)라고 말했다. 그러고는 이 집에 이르기까지의 사정을 말하며 다음과 같이 마무리 지었다. "이제, 어른께서 저의 주인에게 인자하심과 진실하심을 보여 주시려거든, 저에게 그렇게 하겠다고 말씀을 해 주시고, 그렇게 하지 못하시겠거든, 못하겠다고 말씀을 해 주시기 바랍니다. 그렇게 하셔야, 저도 어떻게 결정을 내려야 할지를 생각해 볼 수 있을 것입니다"(창 24:49).

이것은 리브가와 이삭의 결혼을 허락하지 않는다면, 자신이 밥상을 받을 이유가 없다는 말이다. 맡은 일을 완수하지 못하고 밥만 먹고 주인에게 돌아갈 수는 없다는 말이다. 일단 먹고 볼 것 같은 우리와는 다르게, 늙은 종의 충심은 자신의 일행을 환대하는 사람들의 밥상을 유보시킨다.

아마도 늙은 종의 혜안은 알아차렸던 것 같다. 이 밥상이 미끼일 수 있다는 것을 말이다. 자신의 기도대로 리브가를 만났지만, 아직 자신이 먼 길을 온 목적이 이루어진 것은 아니었다. 만약 밥을 다 먹었는데 일이 틀어지면, 이 밥상은 무슨 의미가 있다는 말인가? 늙은 종은 자신이 이곳에 온 목적을 잊지 않았고 식탁을 즐기는 것은 목적을 이룬 후에라도 늦지 않다는 것을 알았다. 그간의 피로와 배고픔을 참는 것은 어려운 일이었지만, 그는 배고픔이라는 미끼를 물지 않았다. 배고픔에도 불구하고 해야 할 일을 하는 것이 먼저였다.

리브가의 오라버니 라반과 아버지 브두엘이 늙은 종의 말을 듣고 흔쾌히 허락하자, 그는 주께 경배하고 가져온 선물을 나누어 주고, 비로소 먹고 마시고 거기서 하룻밤을 묵었다. 식탁은 사랑으로 넘쳐 났다. 모두에게….

일이 끝날 때까지 먹고 마시는 것을 늦추는 것은 가장 기초적인 욕망을 누르는 것이다. 누군가는 그 유혹을 굳이 뿌리치지 않아도 되는 수만 가지 이유와 명분들을 생각하며 결국 미끼를 물기도 하지만 말이다. 그것은 리브가도 마찬가지였을 것이다. 나그네의 요구를 들어주지 않을 이유는 무수히 많았다. 그 많은 일행에다가 그들의 짐승에게까지 일일이 물을 퍼다 바칠 이유가 반드시 있지는 않았다. 그러나 그녀는 생명을 나누었다.

늙은 종이 밥을 먼저 먹었다고 일을 그르쳤을 것 같지는 않다. 그러나 유혹의 순간, 무엇을 먼저 해야 할 것인가를 가장 민감하게 아는 것은 자기 자신이다. 늙은 종은 미끼를 물지 않았다. 그래서 성실하게 자신의 일을 완수하는 기쁨을 누리며 환대를 즐길 수 있었다.

유다는 설마 예수가 준 것이 미끼는 아닐 것이라고 생각해 스스로 안심했을지 모른다. 아마도 자신에게 준 예수의 떡이 자신에 대한 예수의 사랑이라고 착각했을지 모른다. 아니면 "네가 할 일을 어서 하여라"(요 13:27)라는 예수의 말이 격려라고 생각해 더욱 힘을 냈을지도 모른다. 다른 제자들은 '나만 아니면 된다'고 안심했을 것이다.

욕망은 눈을 가린다. 어느 순간, 즐거운 잔치의 고소한 냄새가 진동할 때는 그것이 미끼인지, 그것을 물어도 되는지 살펴볼 일이다. 모든 떡을 덥석 집어 먹는 것은 위험하다. 누군가가 그 떡을 예수의 이름으로 포장했다고 하더라도, 살펴볼 일이다. 그 떡이 죽음으로 이끄는지, 생명으로 이끄는지를 말이다. 생명으로 이끌지 않는 보기 좋은 떡은 우리를 죽음으로 이끄는 미끼일 뿐이다. 미끼인 줄 알았다면, 그것을 마다하는 그것으로부터 다시 시작할 일이다. 누구도 그 미끼에 걸려 넘어지지 않도록 말이다.

선(線)

식탁이 위험한 이유는
맛의 유혹이, 있어야 할 경계를
넘어서게 하기 때문이다.

식탁 이야기를 하자면, 다시 처음으로 돌아가야 한다. 하나님이 세상을 만드신 그 처음 말이다. 하나님의 창조 이야기는 두 가지다. 하나는 인간과 세상을 만드신 이야기이고, 다른 하나는 남자와 여자를 만드신 이야기다.

하나님은 5일 동안 세상을 창조하셨고, 6일째 되는 날 인간을 창조하셨다. 이 때문에 인간은 자신이 창조의 최고봉이라고 생각했다. 인간이 창조의 완성인 듯 말이다. 그러나 인간은 창조의 완성이 아니라, 그저 피조물 중의 하나일 뿐이다.

하나님이 인간에게 "생육하고 번성하여 땅에 충만하라, 땅을 정복하라, 바다의 물고기와 하늘의 새와 땅에 움직이는 모든 생물을 다스리라"(창 1:28)라고 하셨지만, 그것이 인간이 자연 위에 있다는 것을 의미하지 않는다. 그것은 인간이 하나님의 세상 속에서 살아가는 방식에 대한 이야기다. 정복이나 다스림은 인간 마음대로 자연을 통제하라는 말이 아니라, 인간이 자연과 함께 살아가며 번성하라는 말이다.

생명이란 무엇인가? 생명은 혼자 존재할 수 없다. 생명이 생명으로 존재하기 위해서는 환경이 필요하다. 인간이 지구 외에 다른 행성에서 살 수 없는 것은 그곳에 인간의 생명이 유지될 수 있는 환경이 조성되어 있지 않기 때문이다. 그러므로 하나님은 첫째 날부터 다섯째 날까지 인간이 존재할 수 있는 환경을 만드셨다. 그 자연 속에서, 인간은 숨 쉬고 뛰놀며 생명을 만끽한다. 하나님이 만드신 만물들과 함께 말이다.

인간의 번성은 인간과 자연의 조화로운 공생에서만 가능하다. 인간이 하나님의 피조물들 중 하나라는 인식을 가질 때에만, 인간은 하나님의 창조 질서 안에서 참다운 생명을 누릴 수 있다. 그 인간에게 하나님은 너른 식탁을 베푸신다. 하나님은 "내가 온 땅 위에 있는 씨 맺는 모든 채소와 씨 있는 열매를 맺는 모든 나무를 너희에게 준다. 이것들이 너희의 먹을거리가 될 것이다. 또 땅의 모든 짐승과 공중의 모든 새와 땅위에 사는 모든 것, 곧 생명을 지닌 모든 것에게도 모든 푸른 풀을 먹을거리로 준다"(창 1:29-30)라고 말씀하신다.

하나님은 인간만이 아니라 하나님이 만드신 모든 것을 먹이신다. 그러므로 첫 번째 창조 이야기는 하나님이 세상을 창조하셨다는 사실만이 아니라, 인간이 자연과 공존하며 번성해야 한다는 창조 질서의 유지 방법까지도 알려 준다.

두 번째 창조 이야기는 흙으로 사람을 만드신 이야기를 전해 준다. 그리고 그 사람이 잠든 사이에 하나님은 그의 갈비뼈로 여자를 만드셨다. 남자의 갈비뼈로 여자가 만들어졌다고 해서 여자가 남자에게 종속된다고 생각한다면 그것은 오해다. 첫 번째 창조 이야기이든 두 번째 창조 이야기이든, 창조 이야기 안에 피조물들의 종속 관계에 대한 언급은 없다.

피조물은 단지 하나님에게만 속해 있을 뿐 피조물들은 서로 동등하다. '서로 함께'만이 있을 뿐이다.

남자와 여자의 관계도 마찬가지다. 하나님은 남자의 돕는 배필로 여자를 만드셨다. "돕는 배필"이라는 말을 풀어서 표준새번역은 "돕는 사람, 곧 그에게 알맞은 짝"(창 2:20)이라고 하였다. '배필'을 '짝'으로 번역한 것은 적절하다. 짝은 원어가 갖고 있는 둘의 평등한 관계를 잘 드러낸다.

문제는 '돕는'이라는 말인데, 우리말로는 어떻게 하든 '돕다'로 번역될 수밖에 없지만, 이 말의 원어는 좀 더 세밀한 주의가 필요하다. '돕다'를 의미하는 히브리어는 여러 개가 있는데, 여기에 사용된 '돕다'는 주로 하나님이 이스라엘을 도우실 때 사용되는 것이다. 그러니 말로 표현될 수 없지만, 이 도움은 일종의 절대적인 도움이라 할 수 있다. 이스라엘은 하나님의 도움이 있어야 하나님의 백성으로 존재할 수 있기 때문에, 이스라엘에게 있어서 하나님의 도움은 절대적이다.

남자의 '돕는 짝'으로서의 여자는 남자에게 종속된 존재도, 부수적인 존재도 아니다. 하나님이 없는 이스라엘이 빈 껍질인 것처럼 남자 없는 여자, 여자 없는 남자도 상상할 수 없다. 남자와 여자는 서로에게 절대적인 도움을 주고받으며 함께 살아가야 하는 존재다. 남자와 여자는 공생의 관계다. 이러한 남자와 여자의 창조는 그 둘이 하나가 되는 새로운 관계로 마무리된다. 함께 사는 것으로 인한 행복이 그들의 창조를 완성하는 것이다.

○

창세기의 처음에 나타나는 두 개의 창조 이야기는 하나의 공통점을 가진다. 두 이야기는 모두 공생에 대해서 말한다. 결국 하나님이 만드신 세상에서 어떻게 살아야 할 것인가를 이야기하는 것이다. 인간과 자연이 공존하고 남자와 여자가 공존할 때, 그들은 서로의 생명을 지켜 주며 번성할 수 있다. 그리고 피조물들은 그 번성을 통해서 창조주 하나님을 드러낸다.

그러나 하나님이 창조하신 세상 안에서 공존하기 위해서는 지켜야 할 선(線)이 있다. 그 선을 넘어가면 공존은 깨진다. 그 선에 대한 이야기는 첫 번째 창조 이야기와 두 번째 창조 이야기 사이에 있다.

하나님은 창조한 인간이 살아갈 수 있도록 에덴동산을 준비하셨다. 하나님은 에덴동산에 보기에 아름답고 먹기에 좋은, 열매를 맺는 온갖 나무가 자라게 하셨다. 에덴동산은 풍요와 안식이 넘쳐 나는 하나님의 식탁이었다. 그리고 하나님은 그 동산 한가운데 생명나무와 선과 악을 알게 하는 나무를 자라게 하셨다.

하나님은 에덴동산으로 인간을 데려가서 인간으로 하여금 그곳을 돌보게 하셨다. 모든 나무의 열매는 먹고 싶은 대로 먹을 수 있으나, 선과 악을 알게 하는 나무의 열매는 먹어서는 안 된다는 조건만이 있었다. 어쩌면 그것은 그렇게 복잡한 수칙은 아니었다. 수많은 것 중 하나의 나무 열매에만 손을 안 대면 되는 것이었으니 말이다.

인간과 자연의 공생 이야기와 남자와 여자의 공생 이야기 사이에 놓여 있는 이 수칙은 각각의 피조물이 하나님의 창조성을 누릴 수 있는 방법이다. 그리고 이것을 지키며 모든 피조물의 생명을 보존할 책임이 인간에게 주어졌다.

그러나 모든 창조가 완성된 후에, 에덴동산에서의 행복과 안식을 깨는 일이 벌어졌다. 뱀이 여자에게 미끼를 던진 것이다. 미끼를 물고 나니, 먹기만 하면 눈이 밝아지고 하나님처럼 되어서 선과 악을 알게 된다는 유혹을 뿌리치기 어려워졌다. 열매 하나로 세상을 꿰뚫을 수 있다니, 무심히 보아 넘겼던 그 나무의 열매는 이제 탐스럽기 이를 데 없어 보였다. 금지된 행동이 상상도 해 본 적 없는 맛으로 여자를 유혹하자, 어느새 그것은 가능한 행동이 되었다. 맛의 달콤함은 행동의 경계를 재빠르게 허물어 버렸다.

선과 악을 알게 하는 나무의 열매는 하나님이 인간에게 넘지 말라고 그어 놓으신 선이다. 그것은 먹는 문제를 넘어서, 인간이 자신의 피조성을 넘어설 수 없다는 표적이다. 그러나 선을 없애기에 맛의 유혹처럼 쉬운 것도 없는 듯하다. 식탁이 위험한 것은 이 때문이다. 온갖 산해진미가 있다고 하더라도, 가지지 못한 그 한 가지 때문에 모든 것이 맛을 잃는다. 얼마나 어처구니없는 일인가! 인간의 탐욕은 그렇게 끝이 없다. 아는 맛이 무섭다고 하지만, 모르는 맛은 신비한 힘이 있어서 우리를 끌어당긴다. 그것이 우리를 어디로 데려가는지 알지도 못하면서 우리는 끌려가 버리고 만다.

그러나 맛의 유혹이 데려가는 곳이, 있어야 할 경계를 넘어선다면 멈추어야 할 힘이 필요하다. 그것이 믿음이다. 그 믿음이 작동하지 않을 때 손에 들어온 수만 가지 행복들은 불행으로 변한다. 단 한 가지를 절제하지 못했기 때문이다. 선과 악을 알게 하는 나무의 열매는 우리 삶의 바로미터가 되는 표적이다.

성경은 가장 원초적인 맛에 대한 유혹을 통해서 욕망의 정도를 가늠하게 한다. 식탁이 구원의 상징이 되는 것은 이 때문이기도 하다. 아담과 하와의 식탁이 제어할 수 없는 욕망으로 선을 넘는 순간, 그들의 식탁은 고통스러워졌다.

선과 악을 알게 하는 나무에 대한 이야기는 식탁의 위험성을 경고하는 것인지도 모른다. 그것은 거대한 담론을 논하는 것이기보다, 하나님의 피조물로서 살아야 하는 가장 기본적인 수칙이 매일 마주하는 우리의 일상적 식탁에 놓여 있다는 것을 깨닫게 하려는 것인지 모른다. 충분히 누리고 있음에도, 마지막 하나까지 움켜쥐어야 직성이 풀리는 우리의 마음이 선과 악을 알게 하는 나무의 열매를 집어삼킨 욕망의 상징이라는 사실을 말이다.

하나님과 같이 되어 선과 악을 알고 싶다는 지혜로운 욕망의 결과로 얻은 것은 단절과 죽음이었다. 이 단절과 죽음은 우리의 식탁과 우리의 일상에서 수시로 분출된다. 언제나 그렇게 선을 넘으면서 말이다.

여자는 그 열매를 먹고 남자에게 주었다. 남자는 어떤 거부도 없이 그것을 받아먹었다. 그리고 하나님에게 하는 남자의 변명은 그 끝을 제대로 보여 준다. "하나님께서 저와 함께 살라고 짝지어 주신 여자, 그 여자가 그 나무의 열매를 저에게 주기에, 제가 그것을 먹었습니다"(창 3:12). 여자의 변명도 다르지 않다. "뱀이 저를 꾀어서 먹었습니다"(창 3:13).

선을 넘자 모든 것이 무너졌다. 남자와 여자의 공생도, 인간과 자연의 공생도 말이다. 이제는 살아남기 위해서 언제든지 다른 것들을 짓밟을 수 있는, 혹은 짓밟아야 하는 세상이 되었다. 남자에게 여자는 더 이상 도움을 주는 짝이 아니라, 자신을 구렁텅이로 밀어 넣은 원수 덩어리가 되었다. 여자에게 뱀의 간교함은 빠져나갈 수 있는 핑곗거리가 되었다. 자신의 책임을 면할 수만 있다면, 언제든지 다른 것들을 걸고 넘어지는 일은 세상에서 제일 쉬운 일이 되었다. 선이 무너진 것이다.

하나님이 명하신 선을 지킬 때, 하나님의 창조 질서는 이루어진다. 하나님과의 무너진 선은 세상의 모든 선을 파괴했고, 이제는 나만 살면 되는 세상이 되었다. 단절과 죽음이 그렇게 우리의 욕망에 말을 걸어왔다. 나만의 식탁에서, 나만의 행복을 위해서, 너를 제물로 즐거운 파티가 시작된 것이다. 우리는 그것을 '타락'이라고 말한다. 풍성함이 넘치는 가운데 그 나머지까지 모조리 휩쓸어 가는 누군가의 식탁에서 그것은 시작된다.

그래서인지 하나님이 이스라엘에게 주신 십계명의 마지막은 이 욕망을 여과 없이 보여 준다. 열 번째 계명은 "네 이웃의 집을 탐내지 말라 네 이웃의 아내나 그의 남종이나 그의 여종이나 그의 소나 그의 나귀나 무릇 네 이웃의 소유를 탐내지 말라"(출 20:17)다. 이웃의 아내, 이웃의 종, 이웃의 소나 나귀는 이웃의 일상이며 이웃의 식탁이다. 남의 일상과 남의 식탁을 나의 일상과 나의 식탁으로 만들려는 파렴치, 그것은 선과 악을 알게 하는 나무의 열매로 얻어진 선 넘은 욕망이다.

양의 식탁

식탁의 매력은 상대방을 생각하며
식탁을 준비하는 매 순간에 있다。

예수의 사랑과 죽음은 인간이 그렇게 무너뜨린 것들을 다시 회복시켰다. 그러나 예수가 죽임을 당한 후, 제자들은 다시 뿔뿔이 흩어졌다. 언제까지라도 예수를 따르겠다는 호언장담은 모두 흰소리가 되었다. 그러나 부활한 예수는 그렇게 떠나간 제자들을 찾아가서 그들에게 평안과 사명을 다시 불러일으켰다.

요한복음은 부활한 예수와 제자들의 색다른 만남을 소개한다. 흩어진 제자들 중 베드로와 몇몇 사람들이 고기나 잡아야겠다며 배를 타던 때였다. 그날 밤 그들은 밤새도록 고기 한 마리 잡지 못하고 새벽을 맞이하고 있었다.

그 텅 빈 새벽에 예수가 디베랴 호수에 나타났다. 빈 배로 돌아오던 그들은 그 새벽에 호숫가를 서성이는 남자가 예수일 줄은 상상도 못했다. 그러나 그 남자는 그들에게 얼마나 잡았는지를 물었고, 허탕이라는 그들의 볼멘소리에 그물을 배 오른쪽으로 던져 보라는 팁을 주었다. 그의 말대로 하자 그물을 끌어올릴 수 없을 정도로 많은 고기가 잡혔다.

누구인 줄도 모르고 그저 하라는 대로 그물을 던졌지만, 놀라운 결과는 그 사람을 다시 보게 했고, 일행 중 하나가 그 사람이 예수라는 것을 눈치챘다. 그들은 무거운 그물을 끌고 서둘러 뭍으로 올라왔다. 예수는 그들을 기다리고 있었다. 밤새 헛수고한 그들의 노고를 위로하려는 듯 숯불을 피워 놓고 있었다. 떡도 있고 물고기도 있었다. 그들이 방금 잡은 물고기를 더하면 그야말로 금상첨화였다.

예수가 한 말은 이것이었다. "와서 아침을 먹어라"(요 21:12). 예수는 아마도 뻘쭘했을 제자들에게 가까이 다가왔고 떡과 물고기를 들어서 그들에게 직접 주었다. 예수는 진심으로 그들에게 무엇을 좀 먹이고 싶었나 보다.

그들의 지치고 힘겨운 시간이 어디 어젯밤뿐이었겠는가! 예수의 죽음에 따른 상실감, 그리고 돌아온 고향에서 느꼈을 좌절감과 열패감, 그들의 하루하루는 죽을 만큼 힘든 고통의 시간들이었을 것이다. 고기가 많이 잡혔다고 한들 그들의 마음이 얼마나 평안했겠는가! 예수는 이 모든 것을 알았던 것 같다. 그들이 지금 가지 말아야 하는 길을 가고 있다는 것, 그 길 속에서 언제나 불안하고 불편한 마음고생을 하고 있다는 것을 말이다.

그런 제자들에게 예수가 내민 것은 조촐한 아침상이다. 예수는 "왜?"를 묻지 않는다. 제자들의 입장에서라면 이러한 상황에서 "왜?"를 묻지 않는 것은 얼마나 고마운 일인가! 모든 말이 변명뿐일 그것이 반복되지 않도록 한 것만으로도 다행이다. 고향으로 돌아온 후, 얼마나 지겹도록 스스로에게 변명을 해 댔을 것인가를 충분히 상상할 수 있지 않은가!

어떤 말도 변명이 되는 순간, 어떤 말로도 스스로를 입증

할 수 없는 순간, 어떤 말로도 마음을 다 설명할 수 없는 순간, 그러한 때에 차려진 따뜻한 한 상은 위로이며 이해이며 말 없는 환대다. 디베랴 호숫가에서의 아침이 그러했을 것이다. 모든 것을 덮으며 모든 것을 원점으로 돌리는 식탁이다. 실제로 차린 것은 별로 없는 식탁이지만 무수한 사연과 사랑이 올라가 있는 식탁이다. 그것은 떠났던 제자들을 돌아오게 하는 식탁이며 잃었던 생명을 다시 찾게 하는 식탁이다. 그것은 이제야 진정으로 '다시 시작!'을 가능하게 하는 식탁이다.

그렇게 새로운 시작을 준비할 수 있게 된 베드로에게 이제 예수는 군더더기 없는 질문을 한다. "요한의 아들 시몬아, 네가 이 사람들보다 나를 더 사랑하느냐?"(요 21:15) 떠났다 돌아온 제자에게 한 번은 물음직한 질문이다. 그러나 이 질문은 두 가지로 해석이 가능하다. 다른 사람이 예수를 사랑하는 것보다 베드로가 더 많이 예수를 사랑하는지를 묻는 것일 수도 있고, 베드로가 다른 사람들보다 예수를 더 많이 사랑하는지를 묻는 것일 수도 있다.

예수가 군이 예수에 대한 베드로의 사랑과 다른 사람의 사랑을 비교해서 물을 필요는 없었을 것 같아서, 두 번째 해석이 더 끌린다. 모든 것을 버리고 예수를 따르면서 예수를 위해서는 목숨조차 아깝지 않던 베드로가, 예수가 준 사명을 버리고 고향으로 돌아온 것은 아마도 가치 문제일 것이다. 무엇을 더 사랑하느냐의 문제 말이다.

"주님, 그렇습니다. 내가 주님을 사랑하는 줄을 주께서 아십니다"(요 21:15)라는 베드로의 답변은 두 가지 측면에서 고개를 갸우뚱거리게 한다. 가장 쉬운 대답은 무엇이었을까? 아마도 "내가 주님을 사랑합니다"가 아니었을까? 베드로에게 물은 것이니, 베드로가 주어가 되어서 예수에 대한 사랑을 고백하는 것이 일반적이었을 것 같다. 그러나 베드로의 답에서 궁극적인 주어는 예수다. 베드로는 자신이 예수를 사랑한다는 것을 예수에게 확인받고 싶어 한다. 칼자루를 예수에게 쥐여 주는 것이다.

어쩌면 자신의 마음이 어떤지 알 수 없어, 베드로는 갈팡질팡하고 있을지도 모른다. 수많은 장담을 했던 지난날을 돌아보니 그 장담들이 모두 헛되다는 것을 이제야 깨달았을 수도 있다. 그러나 확실한 것은 이제 다시 예수가 그에게 왔다는 것이고, 그것은 예수가 베드로의 여전한 사랑을 알기 때문이 아닌가, 라고 반문하고 싶었을지도 모른다. 조촐한 디베랴 호숫가의 식탁을 보면서 예수의 마지막 식탁을 기억했을지도 모른다. 끝까지 자신들을 사랑하던 그 식탁을 말이다. 베드로는 이미 충분히 경험한 헛된 장담들의 현실 속에서, 어쩌면 예수에 대한 자신의 사랑이 더 이상 흔들리지 않게 잡아 달라고 애원하고 있는지도 모르겠다.

이렇게 세 번의 질문과 답은 흐트러졌던 베드로의 믿음을 다시 일으켰으며, 예수는 베드로에게 새로운 삶을 제시한다. 예수의 물음에 대한 베드로의 답이 끝날 때마다, 예수는 "내 양을 먹여라[쳐라]"라고 명령한다. 베드로의 사랑에 대한 확인은 베드로의 사명으로 연결된다. 그의 사명은 예수의 양을 돌보는 것이다. '복음을 전하라'라는 제자들의 사명은 예수의 양을 돌보는 것, 즉 예수의 양을 먹이는 메타포로 전환되며, 그것은 제자 됨의 표적이 된다.

베드로에게 명령하면서, 예수는 '어린 양'과 '양'이라는 두 개의 단어를 함께 사용한다. 아마도 이 두 단어의 혼용은 어린 양에서 잘 자란 양으로의 성장을 염두에 둔 것이라는 치밀한 지적도 있다. 그런 성장을 나타낼 수도 있고, 혹은 어린 양이든 잘 자란 양이든, 연약한 양이든 건강한 양이든 가리지 말고 모두 키워 내라는 것일 수도 있다.

그러나 어떠한 경우든, 어린 양이나 장성한 양은 베드로가 먹여야 할 대상만을 나타내는 것은 아니다. 다양한 양들을 먹일 수 있는 능력은 베드로의 상태에 비례하기 때문이다. 자신이 어린 양밖에 먹일 수 없는 처지라면 어린 양을 먹이면 되고, 장성한 양을 먹일 수 있다면 그렇게 하면 된다. 어떤 양이든 포기하지 않는 것은 어떤 상황에서도 자신을 포기하지 않는 것이다. 고기를 잡으러 도망친 베드로 자신이라도 말이다.

베드로는 다시 언제든지 그렇게 바닥으로 내려갈 때도 있고 기세 좋게 일을 할 때도 있을 것이다. 다만 어느 처지에 있든, 그때 할 수 있는 일을 하면 된다. 예수가 말하고자 하는 것은 양의 문제가 아니라 베드로의 문제다. 그러다 보면 베드로도 성장하고, 어떤 양이든 그의 식탁에서 마음껏 배를 불릴 수 있을 것이다. 베드로와 양은 함께 성장한다.

○

먹이는 일, 식탁을 나누는 일은 일방적이지 않다. 식탁은 대접받는 사람이 아무것으로나 배만 불리면 되는 곳이 아니다. 혹은 식탁을 준비하는 사람이 자기만족을 드러내는 곳도 아니다. 식탁은 단순한 적선의 장소가 아니다. 식탁의 매력은 상대방을 생각하며 식탁을 준비하는 매 순간에 있다. 식탁에서 나눠지는 기쁨은 그렇게 얻어진 열매다. 《이솝우화》에 나오는 두루미와 여우의 이야기처럼, 자신만을 위해서 준비한 식탁은 진정한 식탁이 될 수 없다. 제자들은 두루미를 위해서, 혹은 여우를 위해서, 그리고 어떤 양이든지, 그들이 먹을 수 있는 식탁을 준비하면서 그렇게 진정한 제자가 된다.

그러므로 식탁에는 누군가를 위한 식지 않는 사랑의 열

정이 있다. 예수의 식탁에 예수의 끊임없는 사랑이 있었던 것처럼 말이다. 그러므로 제자들의 마지막 사명, '내 양을 먹이라'는 예수의 식탁을 계승하며 사람에 대한 예수의 사랑을 이어 가게 한다.

식탁은 그런 방식으로 제자들을 성장시킨다. 지금 당장 다 자란 양이 아니어도 지금 할 수 있는 일이 있을 것이다. 예수와 베드로가 '사랑'을 이야기할 때 이러한 것이 나타난다. 예수가 "네가 이 사람들보다 나를 더 사랑하느냐?"라고 물을 때, '사랑하다'에 사용된 동사는 '아가파오'다. 반면 베드로가 "내가 주님을 사랑하는 줄을 주께서 아십니다"라고 말할 때, '사랑하다'에 사용된 동사는 '필레오'다.

'아가파오'는 아가페 사랑을 나타내는 동사이며, '필레오'는 필리아 사랑을 나타내는 동사다. 전자를 하나님의 사랑으로 이해한다면, 후자는 의리, 우정 등으로 이해된다. 전자를 무조건적인 사랑이라고 한다면, 후자는 주고-받는 사랑이라고 한다. 둘 다 '사랑'이라는 같은 말로 번역되었지만, 세 번에 걸친 질문에서 예수는 처음 두 번은 '아가파오'로, 마지막에는 '필레오'로 말한다. 베드로는 모두 '필레오'로 답한다.

두 단어의 차이를 감안하면서, 베드로의 사랑이 예수가 요구한 사랑에 미치지 못하는 것 아니냐는 지적을 종종 받는다. 베드로가 예수의 말을 끝까지 오해했다고 말이다. 그러나 당장은 아가페의 사랑을 할 수 없는 것이 베드로의 솔직한 처지이지 않겠는가?

언젠가 그는 더욱 성숙할 것이고 아가페의 사랑도 가능할 것이다. 어린 양이 장성한 양으로 커 가는 것처럼, 예수는 베드로의 필리아가 아가페로 깊어질 것을 기대할 것이다. 베드로가 양을 먹이는 식탁에서, 그도 예수의 양과 함께 자라날 것이기 때문이다. 지금 당장, 베드로가 필리아의 사랑이라도 베풀 수 있다면, 예수는 그것으로 충분하다.

완벽해야만 예수의 일을 하는 것도 아니며, 누구든 완벽하게 예수의 일을 하는 사람도 없다. 양을 먹이는 일은 서로의 성장을 향해 나아가게 한다. 물론 성장의 길은 평탄하지 않다. 그러나 모든 굴곡과 역경을 건너면서 식탁은 풍성해진다.

그래서 예수는 "네가 젊어서는 스스로 띠를 띠고 네가 가고 싶은 곳을 다녔으나, 네가 늙어서는 남들이 너의 팔을 벌릴 것이고, 너를 묶어서 네가 바라지 않는 곳으로 끌고 갈 것이다"(요 21:18)라고 하며 베드로가 다시 한 번 다짐하게 한다. 이제는 네 멋대로 할 수 없다는 말이다. 이제는 다시 돌아갈 수 없는 길, 그 어려운 길에 베드로는 들어섰다.

그러나 그 길에서 자란 양들이 또한 어느 때에는 다시 다른 양들을 돌보면서 예수의 생명은 풍성하게 이어질 것이다. 이곳저곳에서 끝없이 펼쳐지는 수만 가지의 식탁을 상상하는 즐거움은 덤이다. 그 즐거움 속에서 양을 돌보며 식탁을 차리는 자들의 고통과 수고는 성장이라는 이름을 얻을 것이다.

무슨 대단한 기적이나 놀라운 능력이 아니더라도 제자들의 일이 예수의 일이 될 수 있는 것은 이렇듯 먹이는 표적을 통해서다. 누구든지 올 수 있는 열린 식탁, 디베랴 호숫가의 식탁처럼 아무것도 묻지 않는 따뜻한 식탁, 그 식탁을 통해서 제자들도 자라며 예수의 생명은 이어진다. 언제, 어디서든 그의 사람들을 따라 떠도시는 하나님과 함께 말이다.

에필로그。

어렸을 적, 외할머니는 종종 오랫동안 우리 집에 머무셨고 온갖 맛난 것을 해 주셨다. 지금도 내가 기억하는 모든 옛 음식은 할머니의 것이다. 할머니는 매일 아침 출근하시는 아빠를 위해서 오트밀 죽을 만드셨다. 딱 1인분이었다. 그것은 내 입맛에 맞지 않았지만, 난 늘 아빠의 오트밀에 미련을 보였다. 아빠가 남긴 오트밀은 언제나 내 차지가 되어야 했다. 그러다 언젠가부터 나는 오트밀의 고소함에 빠져들었다. '이 맛이었구나!' 했던 기억이 있다.

그런데 할머니가 우리 집에 더 이상 오지 않으셨던 것 같다. 오트밀에 대한 기억은 맛있는 순간을 잃은 아쉬움과 불 앞에 쪼그리고 계셨던 할머니의 정성스럽게 굽은 등으로 남았다. 나이가 들어 다시 맛본 오트밀은 그렇게 고소하지 않았다. 맛있는 오트밀 죽을 만들어 줄 할머니도, 그 오트밀을 남겨 줄 아빠도 안 계시기에, 아쉬움은 당연할지 모른다.

초등학교 6학년 때였다. 나는 치통을 앓고 있었고 아빠는 학교로 오셔서 나를 조퇴시키고 치과에 데려가셨다. 이를 치료하고 오는 도중에 아빠와 조그만 식당에 들러서 식사를 했다. '오부자네'라는 간판은 지금도 선명하다. 그곳에서 내가 무엇을 먹었는지는 기억에 없다. 그러나 아빠가 무엇을 드셨는지는 또렷하다. 아빠는 메밀국수를 시키셨고 맛있게 드셨다. 그런데 나에게 그것은 한없이 쓸쓸하게 보였다.

아빠는 멋진 분이셨고 훌륭하셨다. 큰 회사에서 언제나 기름진 것을 드실 것이라는 황당한 상상에 비춰 보니 메밀국수가 처량하게 느껴졌다. 당시 집안 상황이 좋지 않을 때였고, 아빠는 이제 밖에서 좋은 음식을 못 드시게 되었구나 생각했다. 나중에 아빠가 메밀국수를 진짜로 좋아하신다는 것을 알았다. 그러나 위태로움에 민감한 불안은 오부자네 메밀국수로 옮겨갔고, 쓸쓸하게 박제되었다.

그리고 나는 어느덧 대학에 들어갔다. 아빠는 회사 앞 이탈리아 레스토랑에서 대학생이 된 딸을 축하해 주셨다. 서양식 레스토랑이 흔치 않았던 시절, 그곳은 매우 근사한 곳이었다. 중세 유럽의 메이드처럼 긴 앞치마를 두르고 사뿐히 걷는 종업원들의 모습은 지금 생각하면 황당하고 우스꽝스럽지만, 당시에는 레스토랑의 품격을 높여 주기에 맞춤이었다.

처음 먹었던 스파게티의 맛은 생각나지 않는다. 그러나 내가 안심했던 것만은 확실하다. 아빠와 맞는 곳이라는 생각 때문이었다. 잠시 아빠의 메밀국수가 소환되었기에 나는 그곳이 더욱 좋았다. 대학생이 되었다는 기쁨보다 그곳이 오부자네가 아니라는 것에 더 만족했던 것 같다.

시아버님은 십 년 이상을 침대에 누워만 계시다가 돌아가셨다. 마지막에는 소화가 힘들어서 코에 줄을 넣어 영양식을 공급해야 했다. 콧줄은 편하게 음식을 섭취할 수 있는 마지막 방법이었다. 코에 줄을 넣고, 이제 더 이상 예전과 같은 식사를 할 수 없게 된 것을 아시고 아버님이 말씀하셨다. "점심 먹고 줄 넣을 것을 그랬다…." 그제야 깨달았다. 콧줄을 통해서 영양분은 섭취할 수 있겠지만, 아버님의 식탁이 그렇게 덧없이 끝났다는 것을 말이다.

병간호에 지친 내가 힘없이 침대에 누워 있을 때, 간병인 아주머니가 흰죽을 쑤어 주셨던 기억이 났다. 누군가를 돌보기만 하던 시절, 나를 돌보는 누군가가 있다는 것에 나도 모르게 눈물이 흘렀고, 달걀 한 알 풀지 않은 멀건 흰죽에 이상하게 힘이 났다. 그 흰죽이라도 아버님의 마지막 한 끼가 되게 했으면 좋았겠다는 생각이 들었다.

음식 자체도 중요하겠지만, 식탁은 누군가를, 어떤 분위기를, 그리고 삶의 한 순간을 상기시킨다. 그리고 반추하게 한다. 그때, 거기서, 그와 함께, 무엇을 먹었다는 것이 도대체 어떤 의미인지를 말이다. 그리고 그 의미가 사는 내내 힘을 주기도 하고, 자칫 마음에 돌덩이를 얹어 놓기도 한다.

마찬가지로 성경에 나오는 수많은 식탁의 이야기들에도 다 드러내지 못한 사연들이 있음은 확실하다. '즐겁게 잔치를 벌였다', 혹은 '죄인들과 식사를 나누었다', '잔치에 참여하는 것을 거부했다' 등의 간단한 표현으로 지나치는 말들 속에는 수많은 것이 숨어 있다. 기쁨과 사랑, 희망과 욕망, 쓸쓸함과 야속함, 외로움과 안타까움, 절망과 슬픔, 시기와 질투, 미련함과 무심함 같은 것들 말이다. 나는 그 사정들에 다가가, 그 사연들 속에서, 하나님을 믿는 것의 의미, 혹은 예수를 사랑하는 것의 의미를 알고 싶었다.

성경의 모든 식탁을 다 다룰 수는 없지만, 하나님을 만난 경험들이 그들의 식탁에 녹아 있을 것이라는 상상은 늘 새로움을 자극한다. 그들은 그 식탁에서 무엇을 생각했을까? 그래서 예수가 그렇게도 비난을 받으면서 식탁을 차려 낸 이야기들이 내게 매력적으로 다가왔던 것 같다.

예수가 어떤 마음으로 그들을 식탁으로 불러들였고, 예수의 식탁에 둘러앉은 사람들의 마음에는 어떤 감흥이 일었는지를 생각해 보고 싶기도 했다. 그리고 확신한다. 식탁에 앉아 있던 예수의 모습, 그 조촐한 자리에 넘쳐 났을 사랑, 때로는 긴장감 넘치는 분위기, 그런 것들이 그들의 마음에 남아, 그 식탁에 머물던 생명의 의미를 확산시켰을 것이라는 사실을 말이다.

책을 쓰면서, 예수의 식탁에 맞닿아서 이렇게 나의 식탁들과 함께했던 사람들이 생각났다. 그 사람들과 보낸 수많은 시간이 삶이 되었으니, 결국 그 식탁들이 나를 만들었구나, 하는 생각이 들었다. 그 수많은 식탁 속에 누군가의 사랑과 염려, 격려와 응원, 눈물과 기도가 있었음이 다시금 떠올랐다.

이 책이 그런 기억들을 되살리고, 밍밍한 흰죽에 달걀 한 알이라도 풀어서 누군가를 일으킬 수 있는 예수의 한 숟가락이 되었으면, 더할 나위 없겠다. 그러면 어느새 우리의 식탁은 우리를 좀 더 좋은 사람으로 만들어 주지 않을까…. 누군가에게 무엇인가를 대접하고 싶어 하는 사람, 누군가에게 대접받은 것을 고마워하는 사람, 그때 베풀지 못한 것을 이제라도 베풀어야겠다고 생각하는 사람으로 말이다.